Martin Roos | Jean-Claude Bourgueil

111 Orte in der Champagne, die man gesehen haben muss

Mit Fotografien von Tom Jasny

emons:

Bibliografische Information der Deutschen Nationalbibliothek
Die Deutsche Nationalbibliothek verzeichnet diese Publikation
in der Deutschen Nationalbibliografie; detaillierte bibliografische
Daten sind im Internet über http://dnb.d-nb.de abrufbar.

© Emons Verlag GmbH
Alle Rechte vorbehalten
© der Fotografien: Tom Jasny, außer:
Ort 2: © Agnés Corbon/MJP Photography; Ort 3: © Champagne De Sousa;
Ort 4: © Domaine Jacques Selosse; Ort 7: © Champagne Gatinois;
Ort 9: © Office de Tourisme de la Côte des Bar en Champagne;
Ort 12: © Champagne Clouet/Lena Granefelt; Ort 19: © Office de Tourisme de
Châlons-en-Champagne; Ort 27: © Domaine du Chalet/Benjamin Segura;
Ort 32: © Château de Condé/Aymeri de Rochefort; Ort 43: © Agence
Régionale du Tourisme Grand-Est/Fred Laures; Ort 51: © Château de Vaux/
Minaris Studio; Ort 53: © Le Garde Champêtre/Peter Lippmann;
Ort 56: © Salon/Leif Carlsson; Ort 57: © Elise Dechannes;
Ort 58: © Champagne Dehours; Ort 59: © Champagne Philipponnat;
Ort 67: © Agence Régionale du Tourisme Grand-Est/Fred Laures;
Ort 75: © Café du Palais/Marie Povoa Vogt; Ort 76: © Champagne Charles
Heidsieck; Ort 78: © Trésors de Champagne; Ort 88: © Maison Ruinart;
Ort 99: © L'Assiette Champenoise/Arnaud Lallement;
Ort 110: © Bertrande de Ladoucette
© Covermotiv: Istockphoto.com/eli_asenova
Layout: Eva Kraskes, nach einem Konzept
von Lübbeke | Naumann | Thoben
Kartografie: altancicek.design, www.altancicek.de
Kartenbasisinformationen aus Openstreetmap,
© OpenStreetMap-Mitwirkende, ODbL
Druck und Bindung: Grafisches Centrum Cuno, Calbe
Printed in Germany 2021
ISBN 978-3-7408-1084-9
Originalausgabe

Unser Newsletter informiert Sie
regelmäßig über Neues von emons:
Kostenlos bestellen unter
www.emons-verlag.de

Vorwort

Als Gott zum ersten Mal großen Durst hatte, schickte er Pierre Pérignon auf die Erde und ließ ihn ein Getränk brauen, das ihn Sterne sehen ließ: Champagner. Ohne Dom Pérignon, den erfindungsreichen Mönch aus Hautvillers, wäre das französische Nationalgetränk kaum vorstellbar. Und auch die Champagne nicht. Sie zählt mit ihren traditionsreichen Weinbergen, dem Marne-Tal, den historischen Châteaus und den alten Dörfern zu den schönsten und noch unentdeckten Regionen Frankreichs.

In Reims wurden alle Könige des Landes gekrönt, in Gueux rasten die Formel-1-Fahrer um die Wette, in Colombey-les-Deux-Églises lud Charles de Gaulle die Weltpolitik auf seinen Landsitz ein. Und die Stauseen im Süden, die Paris vor der Überflutung bewahren, sind beliebte Natur- und Vogelschutzgebiete. Die Champagne dehnt sich von Reims westlich über Château-Thierry in den Süden nach Troyes und östlich bis hinter Châlons-en-Champagne aus. Sie kann ebenso lieblich, sonnig und hügelig wie rau, kalt und flach sein. Vor allem wird sie von Menschen bewohnt, die sich mit viel Hingabe für ihr Terroir und ihren Champagner einsetzen und alles andere als Schaumschläger sind. Über 16.000 Winzer leben in den 320 Crus, also den besonderen Lagen, die dem Champagner seine Merkmale geben. Die Anbauflächen liegen in der Montagne de Reims, dem Vallée de la Marne, der Côte des Blancs und Côte des Bar.

Seit 2015 gehört die Champagne zum UNESCO-Weltkulturerbe. Wer sie bereist, kommt vor allem wegen des Weins, der etwas Magisches besitzt, der so eng mit der französischen Geschichte und Kultur verbunden ist und der so einzigartige Orte geschaffen hat, dass selbst Einheimische staunen. Schnell wird klar: Champagner öffnet nicht nur Herzen, er lässt auch tief in die Seele der Grande Nation blicken. Oder wie Voltaire dichtete: »Der Schaum dieses Weines, prickelnd und wild, ist der Franzosen glänzendes Bild.«

111 Orte

1. Egly-Ouriet | Ambonnay (Montagne de Reims)
   Schönheit braucht Reife | 10

2. Corbon | Avize (Côte des Blancs)
   Die wertvollste Landkarte der Champagne | 12

3. De Sousa | Avize (Côte des Blancs)
   Eine Wurzel, ein Pilz, ein Berg und ein Pferd | 14

4. Das Hôtel Les Avisés | Avize (Côte des Blancs)
   Das Haus des grünen Paten | 16

5. Bollinger | Aÿ (Montagne de Reims)
   James Bond, eine Witwe und Bollys bestes Stück | 18

6. Deutz | Aÿ (Montagne de Reims)
   Amor prickelt im Salon der Vögel | 20

7. Gatinois | Aÿ (Montagne de Reims)
   Der stille Rote mit der einzigartigen Note | 22

8. Der Place Henri Martin | Aÿ (Montagne de Reims)
   Ein Glaskünstler, ein Gourmetatelier und ein König | 24

9. Die Templer-Kommandantur | Bar-sur-Seine (Côte des Bar)
   Mit Kette und Kutte in der Wiege der Ordensritter | 26

10. Das Château de Bligny | Bligny (Côte des Bar)
    Das Jagdschloss der 1.000 Gläser | 28

11. Das Château de Boursault | Boursault (Marne-Tal)
    Das Schloss der alten Veuve Clicquot | 30

12. Clouet | Bouzy (Montagne de Reims)
    Superman, Zorro und Sophie Marceau im Tank | 32

13. L'Escargot des Grands Crus | Bouzy (Montagne de Reims)
    Schaumwein für die Zuchtschnecken | 34

14. Der Salle des Fêtes | Bouzy (Montagne de Reims)
    Art déco im Irgendwo | 36

15. Aspasie | Brouillet (Montagne de Reims)
    Die frische Liebe zu alten Rebsorten | 38

16. Die Balades en Barque | Châlons-en-Champagne (Marne)
    Die Metamorphosen im Venedig der Champagne | 40

17. Joseph Perrier | Châlons-en-Champagne (Marne)
    Der Geheimfavorit aus dem Osten | 42

18. Notre-Dame-en-Vaux | Châlons-en-Champagne (Marne)
    Glockenspiel, Jakobsweg und Pilgerfreuden | 44

19	Die Synagoge
	Wie lieblich sind deine Wohnungen!	46
20	Das Royal Champagne
	Faulenzen in Napoleons Pferdetränke	48
21	La Cordelière
	Das außergewöhnliche Loch 19	50
22	Das Musée du Fromage
	Apfelsaft, Burgunder und gesalzene Kuhmilch	52
23	Die Festung der Falkner
	Aromapflanzen, Adler und beste Aussicht	54
24	Die Herberge Gottes
	Der morbide Charme des Weltkriegskrankenhauses	56
25	Das Musée Jean de La Fontaine
	Die fabelhafte Welt des großen Dichters	58
26	Saint-Martin
	Die Bilderbuchkirche auf des Weinbergs Spitze	60
27	Die Domaine du Chalet
	Die Hotelsuite in der zehn Meter hohen Rotbuche	62
28	Das Château de Saran
	Das Luxus-Schlösschen für Stars und Sternchen	64
29	Die Moët-Loge
	Der schickste Geräteschuppen der Champagne	66
30	Die Abtei von Clairvaux
	Kloster, Rippengewölbe und Staatsknast	68
31	La Boisserie
	Das Landhaus des berühmtesten Präsidenten	70
32	Das Château de Condé
	Richelieu, Marquis de Sade und ein Schatz im Park	72
33	Das Château de Cormicy
	Wo jeder mal Schlossherr spielen kann	74
34	Die Steinhütten-Wanderung
	Warm im Winter, kühl im Sommer, trocken bei Regen	76
35	Das Bateau Champagne Vallée
	Captain's Menu und Tanz auf der Marne	78
36	AR Lenoble
	Das Geheimnis der Magnumflaschen	80
37	Die Platanenallee
	Die lange Chaussee des Ferdinand Foch	82
38	Die Avenue de Champagne
	Die teuerste Meile der Winzerwelt	84

39	Die Brasserie Le Parisien (Épernay)
	Die Hauptstadt-Bar der Einheimischen	86

40	Das Champagnerkomitee (Épernay)
	Ein Weinlabor im Raumschiff der Macht	88

41	Das Château Comtesse Lafond (Épernay)
	Wenn der Schlosshund kein Mal bellt	90

42	Gosset (Épernay)
	Karaffierter Champagner und furzende Engel	92

43	Die Halle Saint-Thibault (Épernay)
	Wenn die Stadt ihre Bürger zum Aperitif bittet	94

44	La Cloche à Fromage (Épernay)
	Köstliche Champagne-Asche in der Käseglocke	96

45	La Table Kobus (Épernay)
	Essen wie einst bei Großmutter Catherine	98

46	Das Salvatori (Épernay)
	In den großen Fußstapfen einer legendären Madame	100

47	Der Tour de Castellane (Épernay)
	Das Etiketten-Archiv der 7.000 Schubladen	102

48	Die Villa Eugène (Épernay)
	American Breakfast im Baldachin-Zimmer	104

49	Der Parcours Renoir (Essoyes/Côte des Bar)
	Gemälde, Unterwäsche und ein hängender Rollstuhl	106

50	La Cave aux Coquillages (Fleury-la-Rivière/Montagne de Reims)
	Vom nie versiegenden Glück des Suchens und Bohrens	108

51	Das Château de Vaux (Foucherey/Arrondissement Troyes)
	Jagen, spielen, feiern, lieben und schlafen	110

52	Der Circuit de Reims-Gueux (Gueux/Montagne de Reims)
	Frankreichs legendäre Formel-1-Strecke	112

53	Le Garde Champêtre (Gyé-sur-Seine/Côte des Bar)
	Drei Köche, ein Gemüsefeld und ein altes Zugdepot	114

54	Saint-Sidulphe (Hautvillers/Montagne de Reims)
	Dom Pérignons letzte Ruhestätte	116

55	Das Pariser Becken (Lac du Der-Chantecoq/Marne)
	Stausee-Freuden für Kraniche und Angler	118

56	Salon (Le Mesnil-sur-Oger/Côte des Blancs)
	Die S-Klasse des Weins	120

57	Elise Dechannes (Les Riceys/Côte des Bar)
	Von der besonderen Freiheit, zu sein, wie man ist	122

58	Dehours (Mareuil-le-Port/Marne Tal)
	Der Verfechter des Pinot meuniers	124

59	Philipponnat
	Die steilste beste Lage der Champagne	126
60	Der Soldatenfriedhof Marfaux
	Die große Katastrophe unter Baum und Blumen	128
61	Mode au futur
	Nicht nur im Salzkammergut kann man glücklich sein	130
62	Die Seen des Forêt d'Orient
	Segler, Schnepfen, Goldschatzsucher	132
63	Das Wunder der Marne
	Der Siegeskoloss in den Sümpfen von Saint-Gond	134
64	La Côte aux Chats
	Zu Gast im alten Frankreich des Swing und Chansons	136
65	La Mangeoire
	Bœuf bourguignon im Roadmovie-Restaurant	138
66	Das Château Montmort
	Eine Wendeltreppe für Pferde und Mathegenies	140
67	Der Weinbergpfad
	Wandern mit Bienen, Hasen, Füchsen und Champagner	142
68	Saint-Pierre-Saint-Paul
	Das Kloster des aufmüpfigen Gottschalks	144
69	Die Schleuse 62
	Auf dem Binnenwasserweg zwischen Marne und Saône	146
70	Das Automobil-Atelier
	Oldtimerkunst, Eleganz und ein Gentleman	148
71	Die Bibliothèque Carnegie
	Studieren und staunen unter Art déco	150
72	Die Brasserie Excelsior
	Entenbrust mit Kirschen unter Schönwetterwolken	152
73	Bruno Paillard
	Alice hängt den Pflug an die Sterne	154
74	Das Café de la Paix
	Die beliebteste Austern-Brasserie der Stadt	156
75	Das Café du Palais
	Für Columbo ist immer noch ein Platz reserviert	158
76	Charles Heidsieck
	Charlies Pavillon in Angoraziegen-Mohair-Samt	160
77	Der Cimetière du Nord
	Der verwunschene Friedhof der Champagnerdynastien	162
78	Der Club Trésor
	Die elegante Boutique der 28 Winzer	164

79	G. H. Mumm	Reims

Rote Kordel und Champagnerdusche für die Formel E | 166

80	Der Kiosk der Musik	Reims

Zwischen Bachläufen und röhrenden Hirschen | 168

81	La Husselle	Reims

Frankreichs längste Street-Art-Wand | 170

82	Lanson	Reims

In der Stadt wächst der beste Wein | 172

83	Les Crayères	Reims

Putten und träumen unter hohen Ahornbäumen | 174

84	Les Hautes Promenades	Reims

Halb Flaniermeile, halb Central Park | 176

85	Das Palais du Tau	Reims

Karls Talisman und das berühmte Salbenfläschchen | 178

86	Der Parc de Champagne	Reims

Kettensägenmassaker, Techno und Cyclocross | 180

87	Die Porte de Mars	Reims

Wo Zeus die Königstochter Leda schwängert | 182

88	Ruinart	Reims

Und Sonntagmorgen zum Champagner-Brunch! | 184

89	Der Salon Degermann	Reims

Der Mini-Spiegelsaal von Versailles | 186

90	The Glue Pot	Reims

Die britisch-französische Champagnerkultkneipe | 188

91	Vranken-Pommery	Reims

Louises Liebe für Wein und Kunst in Kreidestollen | 190

92	Das Widerstandsmuseum	Reims

Der berühmteste Tisch der Kapitulation | 192

93	Das Marais	Reuves (Côte de Sezanne)

Durch die Sümpfe der Zeitgeschichte | 194

94	Das Château de Sacy	Sacy (Arrondissement Reims)

Die schönste Restaurant-Terrasse im Weinberg | 196

95	Die Abbaye de Trois-Fontaines	Saint-Dizier (Haute-Marne)

Die Schönheit der Stille und der alten Magnolie | 198

96	Das Hôtel de Ville	Sainte-Menehould (Marne)

Gegrillte Schweinefüße als Henkersmahlzeit | 200

97	Der Marché Docteur Huguier	Sézanne (Côte de Sezanne)

Das Vermächtnis des Chirurgen | 202

98	Das Kloster Le Reclus	Talus-Saint-Prix (Côte des Blancs)

Schlafen wie Einsiedler, beten wie Mönche | 204

99__	L'Assiette Champenoise (Tinqueux/Montagne de Reims)
	Trinkt, was klar ist! Esst, was wahr ist!	206

100__	Drop of Wine (Troyes)
	Die unkonventionelle Bar für unentdeckte Weine	208

101__	Das Hôtel-Dieu-le-Comte (Troyes)
	Studieren in der schönsten Apotheke der Republik	210

102__	Die Rue de la Crosse (Troyes)
	Der Fachwerk-Olymp mit auskragendem Türmchen	212

103__	Der Turm der Kathedrale (Troyes)
	Jeanne d'Arcs Treueeid und erste Flugversuche	214

104__	Drappier (Urville/Côte-des-Bar)
	Beste Traube, größtes Ei und salomonische Flaschen	216

105__	Der Mont Aimé (Vertus/Côte-des-Blancs)
	Als der blutige Robert im gallischen Dorf wütete	218

106__	Le Moulin (Verzenay/Montagne de Reims)
	Die Windmühle auf dem Rindfleischberg	220

107__	Le Phare (Verzenay/Montagne de Reims)
	Der Leuchtturm im Meer der Reben	222

108__	Der Forêt de Faux (Verzy/Montagne de Reims)
	Korkenzieherbuchen, Hexen, Trolle und Orgien	224

109__	Die Perching Bar (Verzy/Montagne de Reims)
	Nirgendwo hat man besser Champagner in der Krone	226

110__	Les Jardins (Viels-Maisons/Marne Tal)
	In den Gärten von Viels-Maisons blüht das Glück	228

111__	Das Clos des Terres Soudées (Vrigny/Montagne de Reims)
	Romantik im Salon, die Kraft des Weinbergs am Bett	230

AMBONNAY (MONTAGNE DE REIMS)

1 Egly-Ouriet
Schönheit braucht Reife

Manche sagen, dass Egly-Ouriet in Ambonnay die besten Weinberge für den Pinot noir besitzt. Manche behaupten, der kleine Familienbetrieb habe sich in den vergangenen zehn Jahren zu einer wahren Kultstätte des Weins entwickelt. Andere erklären, er gehöre zu den fünf besten Champagnerherstellern überhaupt. Weinpäpste wie Gerhard Eichelmann zählen ihn zu den Weltklasse-Erzeugern. Sterneköche wie Jean-Claude Bourgueil sagen, die Eglys seien Künstler. Und der »Guide des meilleurs vins de France« hat dem Weingut mit drei Sternen gleich die höchste Auszeichnung verpasst. Sicher ist: Die Familie Egly-Ouriet ist trotz allem Rummel um ihren Champagner verdammt unaufgeregt und sympathisch geblieben.

Am Ende des Dorfes zum Weinberg liegen hinter der eher bescheidenen »Maison Egly« das kleine Büro mit Verkostungsraum, das Lager und der an Sauberkeit kaum überbietbare Keller, gefüllt mit gebrauchten Eichenholzfässern – aus dem Burgund. Seit 1982 führt Francis Egly (Foto) in vierter Generation mit seiner Frau Annick das Gut. Seine Tochter Clémence (Foto) und sein Sohn Charles haben bereits signalisiert, Winzer zu werden. Gelernt haben sie schon jetzt vom Vater, zum Beispiel die pedantische Pflege des Weinbergs und die Geduld für eine lange Reifung der Weine auf der Hefe. Einer von Francis' Favoriten ist der »V.P. Extra Brut«. VP (Vieillissement Prolongé) bedeutet so viel wie »Längeres Altern«.

Von den zwölf Hektar, auf denen Francis vor allem Pinot noir anbaut, befinden sich acht in Ambonnay, Bouzy und Verzenay – und neuerdings ein Hektar in Bisseuil. Der kleinere Anteil, Chardonnay und Pinot meunier, wächst in den Lagen von Vrigny – die ältesten Reben stammen aus dem Jahr 1947. Bis zu 90.000 Flaschen pro Jahr produziert Francis mit seinen Mitarbeitern. Und wer ihn besucht, könnte bald auch hier schlafen. Zurzeit plant Francis im Dorf den Bau eines kleinen Hotels mit Restaurant.

Adresse 15 Rue de Trépail, 51150 Ambonnay | **Anfahrt** am nördlichen Ende des Dorfes | **Öffnungszeiten** nach Vereinbarung, Tel. +33/326570070 | **Tipp** Zwei Autominuten entfernt, ein kurzes Stück über die D26, dann die Erste links, geht es zur hauseigenen Parzelle Les Beurys. Hier wartet ein toller Blick auf die Weinberge. Weiter oben glänzen die Kreidefelsen. Der Weg hinauf ist holprig. Am besten läuft man zu Fuß.

AVIZE (CÔTE DES BLANCS)

2 Corbon
Die wertvollste Landkarte der Champagne

Ihre Weinproduktion ist klein, doch ihr Keller ist groß. Nur 10.000 Flaschen produziert Agnès Corbon (Foto) pro Jahr, aber unten im Gewölbe lagern 80.000. »Das ist für uns vollkommen ausreichend«, sagt sie und strahlt. Die großen Champagnerhäuser sind für sie eine andere und unerreichbare Welt. Doch Agnès schaut mit Respekt und auch Dankbarkeit auf sie: »Unternehmen wie Moët & Chandon haben es in den vergangenen 250 Jahren geschafft, den Champagner zum glamourösesten Getränk der Welt zu machen. Davon profitieren wir alle.«

Ende des Ersten Weltkriegs zog ihr Urgroßvater Charles Corbon nach Avize und arbeitete dort in einem Champagnerhaus. 1922 erwarb er die ersten Rebstöcke und verkaufte die Trauben an die großen Hersteller. Aus dieser Zeit besitzt Agnès noch eine Urkunde, die sie mit Stolz den Besuchern zeigt. In den 1960er Jahren begann ihr Vater Claude, einen eigenen Champagner herzustellen.

Heute führt Agnès den kleinen Familienbetrieb in vierter Generation – mit ihrem Vater Claude. Das alte Backsteinhaus an der schmalen Avenue Jean Jaurès in Avize stammt noch aus der Anfangszeit. Mittlerweile bewirtschaftet die Familie drei Hektar Rebfläche. Das ist nicht viel, aber ertragreich. Bei der Produktion setzen Tochter und Vater komplett auf Nachhaltigkeit. Sie stellen ihre Weine ausschließlich aus eigenen Trauben und nach altem Verfahren her: Es wird nicht filtriert, es gibt keine Anreicherungen und keine unnötigen Zusätze, nichts ist geschönt, die Weine werden mindestens fünf Jahre im Keller ausgebaut. Auch deswegen gelten ihre Champagner als geradlinig, ungekünstelt und ehrlich.

In der Weinkelter hat Agnès' Mutter auf die Keramikkacheln an der Wand eine Landkarte gemalt. Sie zeigt die Champagne. Die Familie hütet diese Karte wie einen Schatz, denn sie ist nicht nur schön, sondern auch ziemlich exakt. Kein Wunder, die Mutter war Geografielehrerin.

Adresse 541 Avenue Jean Jaurès, 51190 Avize | Anfahrt über D 19 | Öffnungszeiten nach Vereinbarung, Tel. +33/966423493 | Tipp Sechs Kilometer weiter auf der D 19, in Les Istres-et-Bury, steht die kleine Sainte-Hélène. 1150 erbaut, galt sie einst als die schönste romanische Kirche an der Marne. Mittlerweile ist sie baufällig und wirkt, umringt von hohem Gras und überwachsenen Grabsteinen, wie ein Geisterhaus. Als Fotomotiv allerdings ideal.

AVIZE (CÔTE DES BLANCS)

3 De Sousa
Eine Wurzel, ein Pilz, ein Berg und ein Pferd

Ein kleiner Pilz mit dem fast unaussprechlichen Namen Mykorrhiza hat in diesem Weingut Karriere gemacht. »Er ermöglicht den Wurzeln der Reben, tiefer zu den Kalkschichten vorzustoßen. Der Wein erreicht dadurch eine größere Mineralität«, erklärt Charlotte de Sousa. Die an Aromen reiche und energiegeladene »Cuvée Mycorhize« gehört als Blanc de Blancs Grand Cru zu den außergewöhnlichen Champagnern des kleinen, aber feinen Familienweinguts in Avize. Doch auch die anderen großen Weine des Hauses, wie die Cuvée des Caudalies von 2008, haben längst Eingang in die gehobene Gastronomie gefunden. De Sousa hat sich vor allem durch Winzerchampagner und seine biologisch-dynamischen Methoden einen Namen gemacht.

Charlotte (Foto Mitte) ist für den Verkauf zuständig, ihre Schwester Julie (rechts) fürs Management, und ihr Bruder Valentin (links) ist der Chef im Keller. 2020 haben die drei offiziell das Zepter von den Eltern übernommen. Begonnen hatte alles mit dem Großvater, einem Portugiesen, der Verdun überlebt und ein neues Leben in Avize begonnen hatte. In den 1950er Jahren zog sein Sohn Eric, Charlottes Vater, los und baute eigenen Wein streng nach ökologischen Grundsätzen an. Noch heute werden die Weinberge fast ausschließlich mit Pferden kultiviert, um die Verdichtung des Bodens zu vermeiden. »Als wir klein waren, durften wir nach dem Familienessen den letzten Tropfen eines Glases probieren, um unseren Gaumen zu schulen«, erzählt Charlotte. »Später lernten wir, dass der Weinstock nicht für uns, sondern wir für ihn arbeiten müssen, damit er seinen vollen Charakter entfalten kann.«

Kompetent, sympathisch, weiblich – genau das macht auch Charlottes Club »Les Fa'Bulleuses« aus. Sieben Winzerinnen zwischen 26 und 47 Jahren haben sich zusammengeschlossen, um mit »Weiblichkeit ohne Feminismus« zu zeigen, welch guten Champagner sie produzieren und wie viel Spaß sie haben. Fabuleux!

Adresse 12 Place Léon Bourgeois, 51190 Avize | Anfahrt über D 19 | Öffnungszeiten Mo–Fr 8–13 und 14–17 Uhr, nach Vereinbarung, Tel. +33/326575329 | Tipp Für alle, die frisches Obst und Gemüse, Käse und Wurst lieben, ist es praktisch, am Freitag nach Avize zu kommen. Dann findet direkt vor der Tür von De Sousa auf dem Place Léon Bourgeois rund um das kleine Blumenmonument der Wochenmarkt statt.

AVIZE (CÔTE DES BLANCS)

4_ Das Hôtel Les Avisés
Das Haus des grünen Paten

Im Grunde ist das Hotel-Restaurant dem Deutschen Koch zu verdanken. Und zwar Charles Koch. Der Erbe eines Hoteliers kam 1820 aus Heidelberg nach Avize, gründete ein Weingut und baute das kleine »Château Koch d'Avize« auf. Heute beherbergt es das von Corinne und Anselm Selosse 2011 eröffnete »Les Avisés«. Die Champagner des Familienbetriebs Selosse genießen Weltruhm, und Anselm gilt mit seinen ganz eigenen Regeln des biodynamischen Anbaus als der grüne Pate der Champagne. Mit dem Les Avisés wollten er und seine Frau keinen Palast schaffen, sondern ein Haus mit familiärer Atmosphäre, die selbst Gästen, die nur eine Nacht bleiben, das Gefühl von Heimat vermittelt. Genau das ist gelungen.

Das Hotel hat zehn Zimmer, eine Sauna, ein Spa mit Massage, einen Seminarraum, je vier Fahrräder und E-Bikes für Ausflüge. Im Sommer sitzt man auf der Terrasse hinter dem Haus oder liegt auf der Wiese. Im Winter wird es abends in der Lounge vor dem Kaminfeuer lauschig. Im Les Avisés schlafen Geschäftsleute, Touristen oder Gäste des »Lycée Viticole d'Avize«, der Weinbauschule an der Rue d'Oger. Auch gut erzogene Haustiere werden im Hotel akzeptiert. Küchenchef Stéphane Rossillon und seine Frau Nathalie legen Wert auf lokale und saisonale Produkte und wechseln täglich ihre Drei- bis Vier-Gänge-Menüs. Ohne Reservierung geht nichts.

Gleich neben dem Hotel liegt hinter einer riesigen Holzfassade die Domaine Jacques Selosse. Vor allem die Permakultur des japanischen Mikrobiologen Masanobu Fukuoka inspirierte Anselm für seine Arbeit im Weinberg. Er und sein Sohn Guillaume, der seit 2012 im Betrieb mithilft, greifen so wenig wie möglich in die Prozesse der Natur ein. Sie weiß sich selbst zu erhalten. Anselms Motto: »primum non nocere«, erstens nicht schaden! Dem ist nur hinzuzufügen: »secundum bibere«, zweitens trinken, und schließlich »tertium delectare«, sich erfreuen – am Champagner!

Adresse 59 Rue de Cramant, 51190 Avize | **Anfahrt** über D 10 | **Öffnungszeiten** ganzjährig geöffnet, Restaurant Di, Mi geschlossen | **Tipp** Wer es mal anders prickelnd haben möchte, fährt auf der D 19 zehn Minuten nach Mancy. In der Brasserie Tête de Chou am Hameau d'Alencourt wird mit Quellwasser Bière champenoise gebraut. Das »Tête de Chou« ist blond, bernsteinfarben, weiß oder braun; Do, Fr 17–19 Uhr, Sa 10–12 Uhr.

AŸ (MONTAGNE DE REIMS)

5 Bollinger
James Bond, eine Witwe und Bollys bestes Stück

Wer in die Welt des Champagners eintauchen will, fängt am besten hier an. Historisch, architektonisch und qualitativ ist Bollingers Anwesen in Aÿ eines der herausragendsten überhaupt. Eine Führung durch dieses Haus mitzumachen ist ein Ereignis – überirdisch durch die eleganten Verkostungsräume mit bunt verzierten Glasfenstern und unterirdisch durchs Kellerlabyrinth, in dem über 750.000 Magnumflaschen lagern, gefüllt mit Reserveweinen. Im Gewölbe »La Réserve« sind 3.000 historische Magnumflaschen aus 45 Jahrgängen aufbewahrt, manche noch mundgeblasen. In der »Galerie 1829«, nur durch ein Gitter zugänglich, verbergen sich Bollingers Schaumwein-Schätze, darunter der älteste Jahrgang – 1830.

Am 6. Februar 1829 hatten Athanase-Louis-Emanuel Hennequin, Paul Renaudin und Joseph Jacob Bollinger, der aus dem württembergischen Ellwangen stammte, in Aÿ das Champagnerhaus gegründet. Das Geschäft florierte. Bollinger war ab 1884 Hoflieferant von Queen Victoria.

Die wohl wichtigste Rolle in der Geschichte des Hauses spielte Lily Bollinger. Bis 1971 führte die Witwe das heute noch in Familienbesitz befindliche Weingut. Sie modernisierte es und reiste als Meisterin des Marketings für den »Bolly« unermüdlich durch die Welt. Bollinger gilt heute als einer der britischsten aller Champagner. Selbst James Bond trinkt ihn.

Der größte Stolz des Hauses ist ein Stückchen Erde, verschlossen hinter Mauern gegenüber dem Hauptgebäude: Der Weingarten blieb als einer der wenigen von der zerstörerischen Reblaus-Pandemie um 1900 verschont und bringt heute die Mono-Cuvée »Vieilles Vignes Françaises« aus alten Pinot-noir-Rebstöcken hervor, 2.000 Flaschen pro Jahr. Er gilt neben dem »Clos du Mesnil« von Krug und dem »Clos des Goisses« von Philipponnat als der kostbarste in der Champagne. Gerettet hat ihn, was in Zeiten der Pandemie immer hilft: eine Quarantäne.

Adresse 16 Rue Jules Lobet, 51160 Aÿ | **Anfahrt** über D 1 oder D 201 | **Öffnungszeiten** Führungen nach Vereinbarung, wochentags 8–12 und 14–18 Uhr | **Tipp** Wenn es geht, den Küfer in der Werkstatt quer gegenüber vom Hauptgebäude besuchen. Bollinger gehört zu den wenigen Häusern, die sich einen eigenen Fasshersteller leisten. Im Innenhof befindet sich das ehemalige Wohnhaus von Lily Bollinger.

6   Deutz
Amor prickelt im Salon der Vögel

Sobald man durch das Tor in der schmalen Gasse gegangen ist, wartet im Innenhof der Villa Deutz kein Geringerer als Amor, Sohn der Liebesgöttin Venus. In Bronze auf einem weißen Sockel, umrandet von Blumen, sitzt er feixend auf einem antiken Schemel und scheint gerade nach dem nächsten Pfeil seines Köchers zu greifen. Doch erwischt hat es einen schon längst: nämlich angesichts des Charmes der Villa, des ehemaligen Deutz-Geldermann-Wohnhauses aus dem 19. Jahrhundert, in der heute die Deutz-Kellerei untergebracht ist.

1838 gründeten die in Aachen geborenen Peter-Joseph-Hubert Geldermann und Wilhelm Deutz das Champagnerhaus in Aÿ. 1897 nahm Marie Deutz die Geschäfte in die Hand und eröffnete wegen der starken deutschen Nachfrage eine Niederlassung im Elsass, nach dem Ersten Weltkrieg dann eine weitere im badischen Breisach. 1995 wurde das Unternehmen aufgeteilt: in Geldermann (Breisach) und Deutz (Aÿ), das heute zu Louis Roederer gehört.

Etwa 46 Hektar eigene Rebfläche besitzt Deutz. Der große Stolz sind zwei Pinot-noir-Parzellen an den Hängen oberhalb des Hauses, die »Côte Glacière« mit Südausrichtung und »Meurtet«, teilweise noch mit 40 Jahre alten Reben bestockt. In den drei Kilometer langen Kellern, in denen auch die »Schätze«, die weißen Methusalem-Flaschen, lagern, gibt es seit Jahren kein Holzfass mehr. Die moderne Gärkellerei nutzt nur noch Stahltanks.

Im ersten Stock der Villa, im »Salon des Oiseaux«, einem stilvollen Raum mit Holzfußboden und bleiverglasten Fenstern, finden die Verkostungen statt. Amor ist natürlich auch hier allgegenwärtig. Denn nach ihm sind die »Amour de Deutz«, die Jahrgangschampagner und Spitzen-Cuvées von Deutz, benannt. Sie sind komplex, vielversprechend und sehr besonders. Doch wie im Leben kann einen auch hier die Liebe teuer zu stehen kommen. Eine Flasche »Amour de Deutz« kostet bis zu 180 Euro.

Adresse 16 Rue Jeanson, 51160 Aÿ | Anfahrt im nördlichen Teil des Dorfes | Öffnungszeiten nach Vereinbarung, Mo–Fr 8.30–12 und 13.30–18 Uhr | Tipp Hinter der Villa Deutz gibt es eine tolle Aussicht auf die Stadt und die Rebhänge: raus aus dem Weingut, links in die Rue Jeanson, nach 200 Metern wieder links in die Rue Anatole France und den Boulevard du Nord hinauf. Nach etwa 400 Metern ist der »Point de vue« erreicht.

7 Gatinois
Der stille Rote mit der einzigartigen Note

»Aus dem Schaum von Aÿ blitzt das Glück«, soll der Dichter Alfred de Vigny 1853 über die Weine der Grand-Cru-Lagen in Aÿ gesagt haben. Zweifelsohne hatte er recht. Beim Winzer Gatinois betrifft das aber nicht nur Schaum-, sondern auch Stillweine: Sein »Aÿ Rouge Grand Cru Coteaux Champenois«, ein Rotwein aus Pinot-noir-Trauben, ist eine Rarität. Er wird nur in den besten Jahren hergestellt und macht deswegen lediglich einen kleinen Teil der gesamten Produktion aus. Die Trauben für den Aÿ Rouge wachsen ausschließlich auf den Kreideböden der ältesten Pinot-noir-Parzellen. Der reichhaltige Wein, gegoren aus roten Früchten, gereift in Eichenfässern, kann ansatzlos mit den teuren Bordeaux- und Burgunderweinen mithalten.

Coteaux Champenois ist die Bezeichnung für stille Weine aus der Champagne. Es gibt sie als Rot-, Weiß- und Roséweine. Gatinois baut seinen Pinot noir und Chardonnay nur auf den sieben Hektar des Familienweinbergs an. Seit 1696 ist die Familie in Aÿ ansässig, heute in einem für die Region typischen Hof im Fachwerkhausstil. Seit 2010 führt Louis Cheval-Gatinois (Foto) das Gut. In seiner ersten Karriere war er Geologe. Auch deswegen fühlt er sich nicht nur der Qualität seiner Weine, sondern auch dem Schutz der Natur verpflichtet. Finesse, Tiefe und ein freundlicher Charakter gehören zu den Werten, die seine Weine verkörpern sollen. 27 Parzellen mit Namen wie Bonotte, Chaufour, la Croix, Valnon, Chatillon oder le Han (Foto) hat er zu bestellen. Ob im Weinberg oder im Keller – Louis legt großen Wert auf Handarbeit. Auch die Traubenpresse auf dem Weingut wird noch manuell gesteuert.

Jährlich werden von den wenigen Coteaux-Champenois-Produzenten der Region maximal eine Million Flaschen hergestellt. Vor allem die Roten waren immer schon beliebt. Auch am Hofe. Und ihr prominentester Liebhaber war kein Geringerer als Sonnenkönig Louis XIV.

Adresse 7 Rue Marcel Mailly, 51160 Aÿ | Anfahrt von D 1 über Rue Jean Jaurès und Rue Gambetta | Öffnungszeiten nach Vereinbarung, Tel. +33/326551426 | Tipp Die bekanntesten Grand-Cru-Dörfer für Coteaux Champenois sind Ambonnay, Aÿ, Bouzy, Cumières und Riceys. In Bouzy sind sie als »Bouzy Rouge« bei Paul Bara oder Edmond Barnaut zu erhalten, in Ambonnay als »Ambonnay Rouge« bei Egly-Ouriet und Eric Rodez. Aber Vorsicht: Sie können mitunter deutlich teurer als ein Champagner sein.

AŸ (MONTAGNE DE REIMS)

8 Der Place Henri Martin
Ein Glaskünstler, ein Gourmetatelier und ein König

»Wenn ich nicht König von Frankreich wäre, wäre ich gern Herr von Aÿ«, soll Henri IV. (1553 – 1610) gesagt haben. Seine Liebe zu einem der berühmtesten Winzerdörfchen der Champagne war so legendär, dass sie heute noch gefeiert wird. Alle zwei Jahre huldigen die 3.800 Einwohner ihrem royalen Bewunderer Henri IV., der sich auch »Sire d'Aÿ«, Herr der Weinberge von Aÿ, nannte, mit einem großen Fest. Dann ist die für ihre Grand-Cru-Lagen berühmte Stadt überall mit Fahnen geschmückt. Es gibt eine Kostümparade, Verkostungen, Musik, und wie bei einem Weinfest haben nicht nur Champagnerkellereien ihre Pforten geöffnet, sondern auch die alte Druckerei Henri IV. und die schöne Villa Bissinger, ein Herrenhaus aus dem 19. Jahrhundert und heute Sitz des »Institut International des Vins de Champagne«.

Auch der geschäftige kleine Place Henri Martin mit dem Rathaus (Foto), vor dem tagein, tagaus der große Sohn der Stadt, der 1860 geborene Art-déco-Glaskünstler René Lalique, in Bronze auf einer Bank sitzt, zeigt sich dann von seiner besten Seite. Vor allem Einheimische tummeln sich hier, denn es gibt zwei Banken, je einen Friseur und Metzger, das Café du Midi und das »Atelier« von Patrick Baillet. Der Konditor hat bei Meistern wie Gaston Albert Celestin Lenôtre, dem »Erneuerer der französischen Confiserie«, gelernt und führt seit 2001 seinen kleinen Gourmettempel. Zu den Spezialitäten gehören Schokolade in jeder erdenklichen Art, Champagnerkuchen, Quiche, Croustwich, also Sandwich mit knusprigem Brot, sowie Eis aus eigener Herstellung und Macarons, von denen Patrick 20 Sorten produziert.

Wer es bescheidener, aber mindestens so französisch will, sollte vom Place Henri Martin nur wenige Schritte in die Rue Jules Blondeau Nummer 3 laufen. Dort liegt die Boulangerie »Aux Armes de Champagne«: So simpel die kleine Bäckerei ist, so köstlich schmecken ihre Croissants.

Adresse Place Henri Martin, 51160 Aÿ | **Anfahrt** von D 1 über die Rue Jean Jaurès | **Tipp** Aÿ hat René Lalique einen »Free-Wifi«-Parcours durch die Stadt gewidmet. Der Lehrpfad führt vorbei an zehn Infosäulen – am Rathaus, an seinem Geburtshaus und beim Champagnerhersteller Deutz. Die Säule, die gleich vor dem Tor der Villa Deutz steht, trägt den prickelnden Titel »Effervescence créative« – kreatives Sprudeln.

BAR-SUR-SEINE (CÔTE DES BAR)

9_ Die Templer-Kommandantur
Mit Kette und Kutte in der Wiege der Ordensritter

Mitten ins Mittelalter gerät man nur zwei Kilometer entfernt vom Dörfchen Bar-sur-Seine: in der Commanderie d'Avalleur, einem der besterhaltenen Baukomplexe aus der Zeit der Templer. 1167 errichten die Ordensritter die Kommandantur beim Weiler Avalleur auf einem Plateau mit Blick auf das Seine-Tal. Die Region gilt als die Wiege des Ordens – Hugo von Payns wurde hier geboren, der 1120 in Jerusalem die Tempelritter gründete. Avalleur ist eines ihrer wichtigsten kulturellen Erbgüter. Noch heute besteht es aus der original erhaltenen Kapelle, der Commanderie, der Maison du Commandeur, dem Brunnen und der Zisterne. Sogar einige Ställe sind noch als Ruine zu erkennen. Früher gehörten zudem Wälder, 700 Hektar Felder für Weinbau und Landwirtschaft sowie ein Ofen, eine Mühle und eine Ölpresse dazu. Wahrlich, den Rittern ging es nicht schlecht. Doch 1312 war es vorbei. Der Orden wurde aufgelöst, die Hospitaliter übernahmen.

In der Folge wechselten die Besitzer mehrfach, die Anlage wurde in der Renaissance zum landwirtschaftlichen Betrieb, während der Französischen Revolution halb zerstört, 1921 zum historischen Denkmal erklärt und 2017 vom Department Aube renoviert. Die Kommandantur ist heute Teil der »Templars Route European Federation«. Gut möglich, dass an Festival-Tagen so manche Gestalt in Kettenhemd, Kutte und weißem Mantel mit rotem Tatzen-Kreuz aufläuft. Das Schmuckstück der Anlage ist die kleine rechteckige Kapelle. Ihre Apsis ist flach, das Rippengewölbe kurz, und hinter den nur teilweise verputzten Wänden lugen die Originalmauern aus dem Mittelalter genauso hervor wie über den Türen und Fenstern die Wappen aus der Zeit Jean de Choiseuls, Kommandeur von 1510 bis 1526.

Auf der Suche nach dem sagenumwobenen Schatz der Templer wurde 1993 auch in Avalleur gegraben. Man fand, immerhin, ein wenig Glas und Keramik – zu sehen im Templermuseum von Payns.

Adresse Avalleur, 10110 Bar-sur-Seine | **Anfahrt** von Bar-sur-Seine über D 443 | **Öffnungszeiten** Gelände immer zugänglich | **Tipp** Ein historischer Wanderweg, die »Route forestière du temple«, befindet sich in Amance am Lac d'Auzon, 30 Kilometer von der Kommandantur entfernt. Er führt gut fünf Kilometer durch den Wald, vorbei an Infotafeln und alten Eichen, in die mythische Welt der Templer.

BLIGNY (CÔTE DES BAR)

10 Das Château de Bligny
Das Jagdschloss der 1.000 Gläser

Umringt von Weinbergen, in den seit Jahrhunderten Reben angebaut werden, liegt das Schloss mit Blick auf das gleichnamige Dorf. Da der Marquis de Dampierre Lust hatte, Wölfe zu jagen, ließ er dieses Jagdschloss 1773 bauen, das heute zu den schönsten seiner Art in der Region zählt. Auch wenn die Türme des »Château de Bligny« erst Ende des 19. Jahrhunderts dazukamen, wirkt es immer noch wie zu Zeiten des Marquis. Das liegt auch am Haupttor mit seinen Verzierungen aus Weintrauben und -ranken, das aus der Anfangszeit stammt. Nach einer wechselhaften Geschichte mit vielen Besitzern ist das Schloss erst seit 1999 für die Öffentlichkeit zugänglich.

Schon der kleine Park des Jagdschlosses ist ein ästhetisches Vergnügen. In den Gemäuern erwartet den Besucher pure Eleganz: prachtvolle Zimmer, Marmortreppen und Salons mit raffinierten Holzarbeiten in den Decken, mit Lüstern und Wandschmuck, mit leuchtenden Farben, Tapeten, Teppichen und Vorhängen aus kostbaren Materialien oder mit Möbeln aus Mahagoni samt Edelholzfurnieren und Intarsien. Ein Geheimtipp für Kristall-Liebhaber ist der »Salle au mille verres en cristal«. Die Sammlung von roten, grünen, blauen, gelben und transparenten Champagnergläsern, aufbewahrt in einem Raum mit hohen, ausgeleuchteten Schränken, umfasst 1.000 Kostbarkeiten von Glaskünstlern wie René Lalique, Auguste Daum oder den Glasmeistern aus Murano. Dass gerade hier ein solch strahlend-blinkender Schatz geschliffener Exponate aufbewahrt wird, kommt nicht von ungefähr: Das Dorf Bligny war bis 1881 Heimat einer der größten Kristallglashütten in der Aube-Region.

Die Führungen, die das Schloss nur für Gruppen anbietet, beinhalten auch einen Besuch in den riesigen Kellern und im Öko-Museum mit seinen traditionellen Weinberg-Werkzeugen. Zum Schluss gibt es eine schmackhafte Verkostung mit Champagner, selbstverständlich ein »Château de Bligny«.

Adresse 14 Rue de Château, 10200 Bligny | **Anfahrt** über D 12 | **Öffnungszeiten** Führungen Di–Sa 11–14, 16–18, Verkaufsräume 10.30–18 Uhr | **Tipp** Zum Schlosspark gehört ein eigener kleiner Weinberg, nach Süden ausgerichtet – der Clos du Château. Dort werden sechs Rebsorten angebaut, darunter seltene wie Petit Meslier und Arbane. Geplant ist ein weiterer Clos, der den Besuchern die verschiedenen Phasen des Rebenwachstums zeigt.

11 Das Château de Boursault

Das Schloss der alten Veuve Clicquot

Natürlich braucht eine Königin ein Schloss. Und so beauftragte Barbe-Nicole Clicquot Ponsardin, besser bekannt als Veuve Clicquot, Eigentümerin des gleichnamigen Champagnerhauses und heimliche Königin der Champagne, 1843 den Architekten Jean-Jacques Arveuf-Fransquin mit dem Bau des Château de Boursault. Sieben Jahre später stand es in voller Pracht am linken Ufer der Marne stromabwärts von Épernay: ein lachsfarbenes Schloss im Neorenaissance-Stil, gekrönt von Spitztürmen, mit einem großen Park voller Skulpturen, einem Wasserbassin, einer großzügigen Terrasse mit Blick ins Marne-Tal, einem eigenen Weinberg und einer gläsernen Orangerie. Die ebenso intelligente wie geschäftstüchtige Witwe richtete hier große Feste aus, zu denen die Erlesensten der Gesellschaft zusammenkamen. Am 29. Juli 1866 starb sie 89-jährig in ihrem Château, das die Familie 1913 verkaufte.

Im Ersten Weltkrieg diente es als Militärkrankenhaus, 1927 erwarb Achod Fringhian das Anwesen. 2015 übernahm Alex Fringhian in vierter Generation. Eigentlich wollte er in der Automobilindustrie Karriere machen, sattelte jedoch um, wurde ein brillanter Winzer und setzte den Fokus wieder ganz auf Weinbau.

Die Einfahrt zum Château liegt unmittelbar an der Rue Maurice Gilbert. Am besten parkt man rechts vom Eingang auf dem Kopfsteinpflaster vor der kleinen Kirche. Da das Schloss nach wie vor privat genutzt wird, ist es zwar für die Öffentlichkeit nicht zugänglich, allerdings ist der Weinkeller für Besucher nach Voranmeldung offen. Und die Schlossboutique hinter dem Eingang ist für Verkauf und Verkostung des Champagne Château de Boursault regelmäßig geöffnet.

Auch wer einen kleinen Spaziergang durch den Park unternehmen möchte, kann das tun. Denn Alex Fringhian ist ein freundlicher Gastgeber. Und er arrangiert wieder Feste in den restaurierten Räumen des Schlosses. Die Witwe wäre stolz auf ihn.

Adresse 2 Rue Maurice Gilbert, 51480 Boursault | Anfahrt über D3 | Öffnungszeiten Schlossboutique Di–Fr 9–12 und 13.30–17 Uhr, Sa 9–12.30 Uhr | Tipp Hinterm Eingang liegt links der »Clos du domaine du château de Boursault«. Führungen durch den Weinberg samt Park und den Weinkeller des Schlosses können in Verbindung mit einer Verkostung gebucht werden. Anfang September kann man einen Tag bei der Ernte mit anpacken, inklusive Mittagessen.

12 — Clouet

Superman, Zorro und Sophie Marceau im Tank

Es war ein Tag im Jahr 1911, als Tante Jenny sie im Keller des Weinguts Clouet versteckte, verpackt in Holzkisten, geschützt in Stroh, jede Flasche mit Goldfolienkragen bekleidet, sorgfältig von Hand aufgetragen. Durch Zufall entdeckten 80 Jahre später ihre Nachkommen die Champagnerflaschen. Von Nostalgie getragen und vom Geschmack inspiriert, entwickelten sie eine Cuvée mit Belle-Époque-Etikett: André Clouet Brut »Un jour de 1911«, ein 100-Prozent-Pinot-noir aus den besten Grand-Cru-Lagen in Bouzy.

Tradition gilt etwas in dem 1741 gegründeten Haus. Jean François Clouet (Foto), der das Weingut mit seiner Frau Marie-Laure leitet, ist ein sympathischer und selbstbewusster Winzer, der weiß, dass seine Weine mit den besten Pinot-noir-Champagnern der Region mithalten können. In den Kellern werden sie in gebrauchten Sauternes-Fässern von Château Doisy Daëne ausgebaut, aber auch in Edelstahltanks, denen Jean François eigene Namen gegeben hat: »Superman« und »Zeus« verleihen seinem »Grande Reserve« ihre Macht. »D'Artagnan« und »Zorro« übertragen ihre Kraft und Intensität auf den »Silver Brut«. »Sophie Marceau« und »Michelle Pfeiffer« flirten mit dem Rosé – einem der besten Non-Vintage-Rosés der Champagne.

Jean François liebt es, mit seiner kleinen Tochter Désirée (Foto) in dem alten Citroën DS seiner Großmutter in die Weinberge zu fahren und Désirée früh mit den Reben vertraut zu machen. Die wertvollste Parzelle liegt gleich hinterm Haus. Der von Mauern gegen Eindringlinge wie die Reblaus geschützte »Le Clos« ist das Fundament, auf dem das Weingut aufgebaut wurde. Mit seiner Tradition, Qualität und Freude steht er nicht nur sinnbildlich für die Werte der Familie, sondern enthält mit seinen alten Pinot-noir-Rebstöcken auch die »schönste genetische Traubenkombination«. Wer ihn eingießen will, muss stark sein. »Le Clos de Bouzy« wird nur in Magnums abgefüllt.

Adresse 8 Rue Gambetta, 51150 Bouzy | **Anfahrt** über D 19 | **Öffnungszeiten** Mo–Fr 9–12 und 14–17 Uhr | **Tipp** 100 Meter vor Clouet liegt das alte Weingeschäft von Edmond Barnaut am Place André Collard 1. Dort kann man auch regionale Produkte und Souvenirs kaufen. Täglich 10.30–12 und 14–17 Uhr, So geschlossen, Jan.–März Sa geschlossen.

13 L'Escargot des Grands Crus
Schaumwein für die Zuchtschnecken

Etwas unregelmäßig liegen mehrere Reihen von langen Holzbrettern halbmeterhoch über dem Boden, gestützt von Holzblöcken, links und rechts abgedeckt mit kurzen, dickeren Holzplatten. Sie sehen aus wie schmale Stege, die über das Gras führen und an deren Seiten das Unkraut ungeniert in die Höhe wächst. Was verborgen unter den Holzbalken lebt und klebt, sind die bis in die Sterneküchen von Reims begehrten Grand-Cru-Schnecken aus Bouzy. Das Besondere: Sie werden nicht nur nach europäischem Standard gezüchtet und für den Verzehr zubereitet, sondern auch in Champagner gekocht.

Die Farm »L'Escargot des Grands Crus« liegt im Feld direkt an der Straße von Bouzy Richtung Château de Louvois, dem Schloss des Champagnerhauses Laurent-Perrier, das für die Öffentlichkeit nicht zugänglich ist. Die Schneckenzucht wurde im Jahr 2000 von der Familie Dauvergne gegründet. Ob die Schnecken nun gesammelt, gewaschen, in heißem Wasser gebrüht, geköchelt oder schockgefrostet werden – alles ist Handarbeit. 350.000 Escargots pro Jahr produziert die Farm, etwa 5.000 Kilogramm. Angesichts Hunderter von Millionen Schnecken, die die Franzosen pro Jahr essen, macht die Bouzy-Schnecke nur einen Bruchteil aus. Die allermeisten Schnecken, die in Frankreich auf den Tisch kommen, werden importiert.

Auf dem Gelände stehen Text- und Bildtafeln, die über Zucht und Klassifikation der Schnecken informieren. In der kleinen Boutique zur Straße hat jeder, den der Appetit überkommt, auch gleich die Möglichkeit, Schnecken in den verschiedensten Variationen zu kosten und zu kaufen: Schnecken im Glas oder als Kuchen, kalte Schnecken in Salatdressing, Schneckenterrine und natürlich das Beliebteste: Escargots préparés à la bourguignonne. Und wer nicht genug bekommen kann, kauft sich einen »Schnecken-Bausatz«, mit dem es möglich ist, daheim artgerecht Schnecken in einer Laichkiste zu züchten.

Adresse D 34, 51150 Bouzy | **Anfahrt** D 34 von Bouzy-Val de Livre, 500 Meter nach dem Kreisverkehr | **Öffnungszeiten** 15. März – 31. Juli Mo – Fr nach Vereinbarung, Gruppen am Wochenende, Tel. +33/326522656 | **Tipp** Schnecken sind vor allem in der Fastenzeit ein favorisiertes Essen. Früher wurden sie deswegen vorzugsweise in Klostergärten gehalten. Verschlungen hat sie auch Kreuzzug-Papst Urban II. (1035 – 1099), der aus der Champagne stammte. Seine 33 Meter hohe Statue steht 35 Kilometer westlich von Bouzy in Châtillon-sur-Marne.

14   Der Salle des Fêtes
Art déco im Irgendwo

Der Salle des Fêtes, der Festsaal, gehört zum französischen Dorf wie die Tartine zum Café und das Steak zu Frites. Er ist der lebendige Kern einer Gemeinde. Dass er jedoch auch ein verborgenes architektonisches Schmuckstück darstellen kann, ist etwas Besonderes – wie der Salle des Fêtes in Bouzy. Er stammt aus der Zeit des Art déco, das im Frankreich der 1920er Jahre auf seinem Höhepunkt angelangt war. Dass sich ausgerechnet im kleinen Bouzy mit seinen 900 Einwohnern Art déco findet, ist nur auf den ersten Blick eine Überraschung. Denn neben Paris gilt das von Bouzy gerade einmal 30 Autominuten entfernte Reims als Hauptstadt des Art déco.

Streift man durch Bouzy, dann nimmt man das Gebäude im Schatten der hoch aufragenden und schönen Kirche Saint Basle, die aus dem 16. Jahrhundert stammt, nicht sofort wahr. Entworfen hat den »Festsaal« Henri Giraud, der als Architekt vor allem in Épernay wirkte und mit dem französischen Bildhauer Jules Déchin nach dem Ersten Weltkrieg einige Kriegsdenkmäler konzipiert hatte. Giraud ließ an der Außenfassade des Salle des Fêtes die einfachen, symmetrischen und abgestuften Formen anbringen, die für das Art déco typisch sind. Auch geometrische und florale Muster schmücken dezent die Fassade. Drinnen herrscht eine ähnliche Schlichtheit. In dem fast runden Festsaal dominiert die rot umrahmte Bühne, von der Decke fällt gelb und matt Licht in den Raum. Regelmäßig werden in diesen sympathischen, schlichten Räumlichkeiten private Partys, Geburtstage und Hochzeiten gefeiert. Aber auch Festivals, Theaterstücke und Konzerte locken Besucher aus dem Umfeld in den Saal.

Allein schon wegen der ausgelassenen Stimmung, die hier entsteht, wäre es eigentlich längst an der Zeit, den Salle des Fêtes auch offiziell auf die Liste der Sehenswürdigkeiten des Dorfes zu setzen. Na ja, so bleibt er immerhin ein Geheimtipp.

Adresse 12 Rue Pasteur, 51150 Bouzy | **Anfahrt** über D 19, an der Ecke Rue Pasteur, Rue Yvonnet | **Tipp** 200 Meter weiter befindet sich das Weingut Georges Vesselle (Rue des Postes 16). Er war einer der ersten Winzer, die bereits 1981 einen Brut Zéro herausbrachten. Seine Weine gelten als »hervorragend« und sind typisch für den Pinot noir aus Bouzy. Mo – Fr 9 – 12 und 14 – 17 Uhr, nach Vereinbarung.

15 Aspasie
Die frische Liebe zu alten Rebsorten

Um Missverständnissen gleich vorzubeugen: Nimmt man es genau, gehört Brouillet nicht mehr zur Montagne de Reims. Allerdings liegt das kleine Dorf mit seinen 80 Einwohnern westlich haarscharf an der Grenze. Wer hier vorbeikommt, muss bei den Nachfahren einer »großzügigen und starken Frau« vorbeischauen: Madame Aspasie. Sie ist die Urgroßmutter von Paul-Vincent Ariston, der das kleine Familienweingut an der Grand Rue mit seinem Vater Remi führt. 1994 hatte Remi unter der Marke »Ariston Fils« angefangen, eigenen Champagner zu produzieren.

Auf zwölf Hektar Weinberg konzentriert sich die Familie auf die üblichen drei Champagnersorten und seit Anfang der 1990er Jahre auch auf den Anbau alter Kaliber: Arbane, Petit Meslier, Pinot blanc und Pinot gris. Schon ihre Ahnen, die 1794 erstmals die familieneigenen Weinberge bestellten, hatten sie angebaut. Heute werden ihre Weine in Edelstahl- und Emailletanks bewahrt und entwickelt, nur der Brut de Fût wird in jungen Eichenholzfässern hergestellt. Paul-Vincent versucht für das Weinhaus, das als »Viticulture Durable en Champagne« zertifiziert ist, immer auch neue technische Möglichkeiten auszuloten. Mit einigen Winzern teilt er sich seit Kurzem eine ferngesteuerte solarbetriebene Erntemaschine, die vorsichtig über die Reben hinwegfährt.

Aspasie produziert 90.000 Flaschen pro Jahr, viele feine Aperitif-Champagner, aber auch zupackende Essensbegleiter mit komplexen Aromen. Auf dem Weingut mit den alten Gebäuden aus Sandstein können sie verkostet werden: Vorbei an der Holz-Wasserpumpe führt Paul-Vincent die Gäste über den kopfsteingepflasterten Innenhof in den gemütlichen Verkostungsraum. Zu »Biscuits roses de Reims« bietet er eine Auswahl seiner aktuellen Champagnerkollektion an – und zeigt sich nicht nur als begeisterter und freundlicher, sondern auch großzügiger Gastgeber. Ganz im Sinne seiner Urgroßmutter.

Adresse 4 und 8 Grande Rue, 51170 Brouillet | **Anfahrt** von Reims auf A 4, bei Lhéry rechts ab oder über N 31, links ab bei Jonchery-sur-Vesle; in beiden Fällen auf die D 386 nach Brouillet | **Öffnungszeiten** Mo–Sa 9–12 und 14–17 Uhr | **Tipp** Im Innenhof, gleich neben dem Verkostungsraum, befindet sich ein Mini-Museum. In Holzkästen und Vitrinen ist eine private Sammlung von Hunderten kleiner Muscheln, Schnecken und Kopffüßern, sogenannten Belemniten, untergebracht, die die Familie im Kalkboden gefunden hat.

CHÂLONS-EN-CHAMPAGNE (MARNE)

16   Die Balades en Barque
Die Metamorphosen im Venedig der Champagne

Bis 1997 wusste jeder sofort, warum das Wasser in Châlons-en-Champagne so allgegenwärtig ist. Damals hieß die Stadt nämlich noch Châlons-sur-Marne. Doch nicht nur die Marne und ihre Seitenarme durchziehen sie, sondern auch ein Geflecht von Kanälen, wie der Saint-Martin, und Flüssen, wie Mau und Nau. Sie haben Chalons-en-Champagne den Ruf als »Venise Pétillante«, das prickelnde Venedig Nordfrankreichs, eingebracht.

Besonders beliebt sind deswegen die Bootsfahrten, die Balades en Barque. In schmalen Barken geht es mit Bootsführer und maximal zwölf Gästen eine Dreiviertelstunde unter Brücken hindurch, vorbei an alten Bürgerhäusern, Kirchen und Klöstern. Das Tourismusbüro am Quai des Arts Nummer 3 an der Pont du Nau, wo die Ableger sind, organisiert diese Touren – genauso wie romantische Valentinsfahrten mit Champagner für Verliebte (allerdings mit Bootsführer) und die »Balades en Barque Métamorph'eau'ses«: Wenn die Nacht hereinbricht, werden die Wasserwege magisch, Gärten und Denkmäler sind geheimnisvoll beleuchtet, in den alten Gewölben der Kanäle blitzen Lichtspiele auf, an den Fassaden der Kirchen und Brücken spiegeln sich überdimensionale Bilder von Meerjungfrauen, Rittern und Drachen wider.

Wer es sportlicher möchte, fährt zum Centre Nautique an der Rue Canal Louis XII. Dort kann man täglich von neun bis 18.30 Uhr Kanus und Kajaks mieten. Und wer nur das Wasser genießen will, setzt sich am besten an Bord des »Bateau d'Argile et d'Eau« in der Rue de l'Industrie am Canal Latéral à la Marne und hält es wie der Komödiant Pierre Dac, der in Chalons-en-Champagne geboren wurde: »Es gibt Leute, die befehlen, und Leute, die gehorchen. Ich bin für beides gemacht: Heute Nachmittag habe ich meinen Instinkten gehorcht, indem ich einen zweiten Pastis bestellt habe.« Wer noch mehr ordert, kann gleich an Bord des ehemaligen Lastenkahns bleiben – er hat fünf Gästezimmer.

Adresse 3 Quai des Arts, 51000 Châlons-en-Champagne | **Anfahrt** über Rue de la Marne | **Öffnungszeiten** Touren reservieren beim Office de Tourisme, Tel. +33/326651789 | **Tipp** Im Juni sollte man seine Pappnase nicht vergessen. Dann verwandelt sich das Zentrum von Châlons-en-Champagne in einen riesigen Zirkus. Jede Straßenecke, jeder Park und jeder Platz wird zur Bühne burlesker und verblüffender Aufführungen. Das Zirkus-Festival gibt es seit 1990 und will junge Talente fördern.

CHÂLONS-EN-CHAMPAGNE (MARNE)

17 Joseph Perrier
Der Geheimfavorit aus dem Osten

»Reims ist die Hauptstadt der Champagne, Épernay die Hauptstadt des Champagners und Châlons-en-Champagne das Herz der Champagne«, sagt Benjamin Fourmon und lacht. Mit viel Leidenschaft für Champagner und Sympathie für seine Gäste führt er in fünfter Generation das Haus Joseph Perrier. Der Winzer François-Alexandre Perrier hatte es 1800 gegründet, sein Sohn Joseph gab der Marke 1825 ihren Namen. Benjamins Ururgroßvater, Paul Pithois, kaufte es 1888 der Gründerfamilie ab. Ende 2018 erhielt Benjamin – nach seinem Studium an der Weinbauschule in Avize und den Lehrjahren im Familienbetrieb – mit 32 Jahren von seinem Vater Jean-Claude offiziell die Schlüssel zum Weinkeller.

Benjamin hat viel investiert, um das repräsentative Anwesen mit dem großen Innenhof und den historischen Gebäuden zu renovieren, ein kleines Museum zu installieren und einen neuen Verkostungsraum zu gestalten. Auch die drei Kilometer langen Keller samt Kreidestollen aus dem 4. Jahrhundert sind neu illuminiert. Immer noch sorgen Lichtschächte aus galloromanischer Zeit für eine natürliche Belüftung. Sie führen hinauf zu dem 2,5 Hektar großen Park des Weinguts. Den Wurzeln der uralten Bäume verdanken die Keller ihre perfekt regulierte Feuchtigkeit.

Das Weingut ist die einzige große Champagnermarke der Stadt. Mit einer Produktion von einer Million Flaschen jährlich gehört es aber zu den kleineren Häusern der Region. »Wir wollen klein bleiben«, sagt Benjamin, »aber auch fein.« Das beweist nicht nur einer seiner besten Weine, der Prestige-Cuvée Joséphine, sondern schon die Cuvée Royale Brut mit ihrer goldgelben Farbe und einem ausgewogenen Verhältnis von Chardonnay, Pinot noir und Pinot meunier. Benjamins Geheimnis für einen gelungenen Champagner: »Gute Trauben, viel Zeit und ein guter Kellermeister.« Im Haus Joseph Perrier ist es allerdings eine Kellermeisterin: Nathalie Laplaige.

Adresse 69 Avenue de Paris, 51000 Châlons-en-Champagne | **Anfahrt** über D 3 | **Öffnungszeiten** Mo–Sa 10–12 und 14–18 Uhr, nach Vereinbarung | **Tipp** Das Museum über die Geschichte des Hauses ist reich an Details – beispielsweise eine Lieferrechnung von 1843. Weinproben finden im neuen Verkostungsraum statt, in dem früher ein Teil der Abfüllanlagen stand. Auch Minderjährige kommen hier auf ihre Kosten – für sie gibt es Traubensaft.

18 Notre-Dame-en-Vaux

Glockenspiel, Jakobsweg und Pilgerfreuden

Im Jahr 1157 stürzte der Turm endgültig ein. Das war das Ende der alten Stiftskirche Notre-Dame-en-Vaux. Und gleichzeitig ihr Neuanfang. Kirchenschiff und Kreuzgänge wurden neu aufgebaut. Im 13. Jahrhundert erhielten alle vier Kirchtürme hölzerne Spitzen, und das gotische Südportal wurde 1469 vollendet. Während der Französischen Revolution wurden die Türme und Portale stark beschädigt sowie große Teile des Figurenschmucks abgeschlagen. Mitte des 19. Jahrhunderts bekamen zumindest zwei Türme ihre Spitzen zurück. Seit 1864 hängen 56 Glocken im Südwestturm der Kirche. Das vollautomatische Glockenspiel, zu dem man hinaufsteigen kann, gehört zu den größten in Europa.

Viele der Verzierungen der Kreuzgänge aus den Jahren 1170 bis 1180, die seit den Revolutionsunruhen um 1800 als vermisst galten, wurden bei Ausgrabungen in den 1960er Jahren wiedergefunden. Sie werden heute im »Musée du Cloître de Notre-Dame-en-Vaux« in der Rue Nicolas Durand aufbewahrt. Man kann das Museum direkt durch den Kreuzgang und den Kirchgarten von Notre-Dame-en-Vaux erreichen. Da die Kirche auch eine Wallfahrtsstätte ist, steuern die meisten Jakobsweg-Pilger sofort die Glasmalereien aus dem 16. Jahrhundert im Nordschiff an: die Renaissance-Fenster »Leben der Jungfrau«, »Schlacht von Clavijo« oder »Geburt Jesu« des Glasmeisters Mathieu Bléville. Insbesondere wegen dieser kunstvollen Fenster ist die Kirche seit 1998 Teil des UNESCO-Weltkulturerbes.

Wer Notre-Dame-en-Vaux besucht, könnte entweder über die winzige Gasse neben der Kirche, die »Ruelle Brocard«, durch die gerade mal ein Pferd passt, oder über den schmalen Place Notre Dame auch zu Haus Nummer 1 gehen – und sich als Pilger oder einfach als Mensch beweisen. Auf den Stufen vor der Amtsstube des Pfarrers sitzt manchmal der eine oder andere Bedürftige. Wie die Kirche freuen auch sie sich über eine kleine Spende.

Adresse 1 Place Notre Dame, 51000 Châlons-en-Champagne | **Anfahrt** über D 3 und Rue Carnot | **Öffnungszeiten** täglich 7.30 – 19 Uhr, So 9.30 – 19 Uhr | **Tipp** In Sainte-Catherine, der Kapelle von Notre-Dame-en-Vaux, liegt Jean Talon (1625 – 1694) begraben. Der Sohn der Stadt war erster »Intendant« von Neu-Frankreich. Seit 2004 steht seine Statue am Place Alexandre Godart gegenüber von Notre-Dame-en-Vaux.

CHÂLONS-EN-CHAMPAGNE (MARNE)

19 Die Synagoge
Wie lieblich sind deine Wohnungen!

Sie sieht wie ein Herrenhaus im maurischen Stil in der Altstadt von Granada aus. Tatsächlich liegt die Synagoge aber mitten in Châlons-en-Champagne. Und der Stil ist alles andere als Zufall. 1875 wurde sie nach den Plänen des Châlonnaiser Architekten Alexis Vagny auf dem Gelände einer ehemaligen Brauerei errichtet. Erst kurze Zeit zuvor, im Jahr 1861, war der Fluss Nau mit der Brauerei überbaut worden. So entstand das schmale Gebäude mit der himmelblauen Tür, über der in einem Hufeisenbogen ein Davidstern prangt. Wie dankbar die Gemeinde für ihr Gotteshaus war und ist, zeigt sich auf der vorderen Fassade über den Drillingsfenstern, bestückt mit vier kleinen Säulen und drei gezackten Bögen. Dort steht auf Hebräisch ein Vers aus Psalm 84, den Luther so übersetzte: »Wie lieblich sind deine Wohnungen, Herr Zebaoth«.

Nach dem Deutsch-Französischen Krieg von 1870/71 stellten die Emigranten aus Elsass-Lothringen, die nicht Deutsche werden wollten und deswegen ihr Land verließen, die Mehrheit der Juden in Châlons-en-Champagne. Eine größere Synagoge musste gebaut werden. Während des Zweiten Weltkriegs wurde die Synagoge erst als Warenlager und dann als Pferdestall genutzt. Leider verschwanden dadurch die Wandmalereien und liturgischen Gegenstände. Nach 1945 wurde sie restauriert. Ihr rechteckiger Innenraum ist heute eher schlicht, eine Zierde stellt das bunte, kunstvolle Fenster mit dem siebenarmigen Leuchter dar. Gottesdienste finden wieder regelmäßig statt.

Draußen ist zwar links der Synagoge ein gesichtsloser Wohnkomplex entstanden, ihr gegenüber aber steht noch immer die kleine protestantische Kirche im neogotischen Stil. Glaube Tür an Tür sozusagen. An die Verhaftungen und die Deportation der Juden von Châlons-en-Champagne 1942 erinnert die kleine Gedenktafel rechts vor dem Eingang. Jedes Jahr am 20. Juli findet eine kurze Gedenkzeremonie statt.

מה־טבו אהליך יעקב משכנתיך ישראל

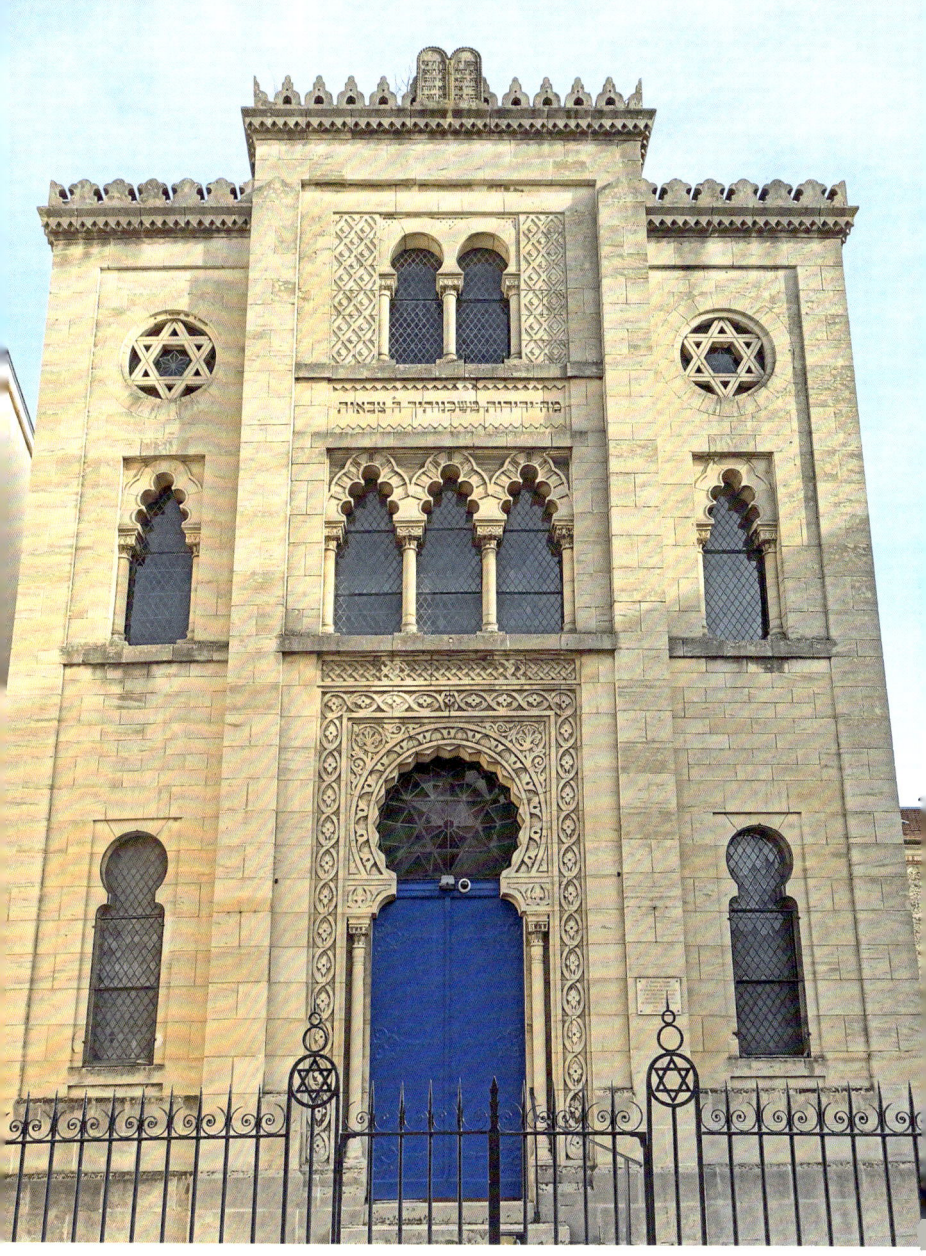

Adresse 21 Rue Lochet, 51000 Châlons-en-Champagne | **Anfahrt** über Place de la Libération | **Tipp** Die Synagoge liegt zwei Fußminuten entfernt vom Park »Le Petit Jard«, dem kleinen Bruder vom »Le Grand Jard«, dem Stadtwäldchen. Im »Petit Jard« steht noch ein Teil der alten Stadtbefestigung, das Château du Marché. Zudem ist der kleine Park mit seinen exotischen Pflanzen einer der schönsten botanischen Gärten der Region, täglich 8–20 Uhr.

CHAMPILLON (MONTAGNE DE REIMS)

20 Das Royal Champagne
Faulenzen in Napoleons Pferdetränke

Elegant windet sich die Straße den sanft ansteigenden Höhenzug hinauf – und schon ist sie erreicht, die alte Poststation. Auf der Anhöhe fanden Frankreichs Könige auf ihrem Weg zur Krönung sicheren Schutz in den Reimser Bergen. Ihre Soldaten konnten ausruhen und die Pferde ordentlich saufen – oder andersherum. Die Poststation ist heute verschwunden. Stattdessen schmiegt sich das edle Royal Champagne an den Hang. Doch gegessen und geruht wird immer noch, allerdings einige Nummern luxuriöser. In dem Hotel mit Spa, zwei Restaurants, Weinkeller und herrlicher Sonnenterrasse lebt es sich wie Gott in Frankreich.

Auf fast 10.000 Quadratmetern Fläche verteilen sich zudem 49 Suiten und Zimmer, Konferenzräume, eine Bar, Wellness und Personal Training sowie das Schwimmbad, in dem man 25-Meter-Bahnen entlang der Panoramafenster zum Tal zieht. In den Restaurants wird alles getan, um die Zunge zu verführen. Küchenchef Jean-Denis Rieubland wurde schon wenige Monate, nachdem er 2018 angefangen hatte, mit einem Michelin-Stern ausgezeichnet.

Chefsommelier Daniel Pires, der bereits im Tour d'Argent, im Le Laurent und im La Scène Thélème in Paris gearbeitet hatte, enttäuscht Weinliebhaber im »Salon Fines Bulles« mit dem zum Champagnerkeller verglasten Fußboden nicht. Und wer nach dem Essen Frischluft braucht, geht auf die Terrasse und macht es sich auf einem der breiten Polsterstühle bequem. So lässt es sich herrlich faulenzen.

Auch Kaiser Napoleon, der hier einst rastete, ist noch da. Im noch feineren Restaurant des Hauses, dem »Le Royal«, das sich an der Stelle der historischen Poststation befindet, schwebt unter goldblättriger Decke sein Geist zwischen den großen Porträts seiner vier Lebensgefährtinnen. Und auch seine Offiziere reiten noch. Auf dem Wandgemälde, das sich im Restaurant Bellevue über die gesamte Länge erstreckt, sind sie als Kavalleristen unübersehbar verewigt.

Adresse 9 Rue de la République, 51160 Champillon | Anfahrt von Reims über D 951 auf D 251, zweite Abfahrt die Rue de Bellevue hinauf | Tipp Für Flugbegeisterte hält das Royal Besonderes bereit: In kleinen Sparflex-Kampffliegern, die von ehemaligen Militär- und Berufspiloten gesteuert werden, geht es 30 Minuten in 700 Metern Höhe über die Weinberge. Das Steuer selbst in die Hand zu nehmen ist ebenso möglich wie die Teilnahme an Kunstflugmanövern.

21 La Cordelière
Das außergewöhnliche Loch 19

Geht es nach den Clubmitgliedern, ist »La Cordelière« nicht nur der schönste Golfplatz der Champagne, sondern auch einer der schönsten in ganz Frankreich. Und sie könnten recht haben, denn selbst für diejenigen, die nicht hierherkommen, um Golf zu spielen, ist schon das nur drei Kilometer von Chaource entfernte Château, in dem das Clubhaus untergebracht ist, eine Lustreise wert. Das Schloss am Rande des Waldes von Aumont ist mit seinem leicht morbiden Charme und der Künstlichkeit seines neogotischen Stils ebenso sympathisch wie faszinierend schrill.

Das Château entstand 1900 unter Frédéric Chandon de Briailles (1858–1918). Der Graf stammte aus dem berühmten Champagnerhaus Chandon. Sein Sohn François (*1892) war so beliebt, dass er 1922 Bürgermeister von Chaource wurde. 1944 deportierten ihn die Nazis ins Konzentrationslager Neuengamme, aus dem er im August 1945 mehr als geschwächt zurückkehrte. Im Februar 1953 starb er ohne Nachkommen. Sein Neffe Frédéric kam 1957 auf die Idee, das Schloss samt 48 Hektar Wald an den Golfclub zu vermieten. Im April 1958 erfolgte der erste Turnierabschlag.

Vor dem Château befindet sich heute das großzügig konzipierte Putting Green. Die 18-Loch-Anlage (40 Euro unter der Woche, Neun-Loch für 25 Euro) erstreckt sich auf rund sechs Kilometern Länge, gesäumt von uralten Bäumen, eingebettet in sanfte Täler und verziert mit idyllischen (wenn auch für Golfer nervigen) Wasserhindernissen. Zu den Clubräumen gelangt man über das Hauptportal des Lustschlosses durch ein hohes, mit Hirschköpfen und einem sechsarmigen Kronleuchter geschmücktes Foyer. Danach warten auf den Besucher ein eleganter Salon, ein Esszimmer mit großem, stuckbesetztem Kamin, eine Bar und ein Restaurant. Keine Frage, dieses 19. Loch – wie bei den Golfern der Drink im Clubhaus nach gespielter Runde genannt wird – ist eines der außergewöhnlichsten der Republik.

Adresse Château de la Cordelière, 10210 Chaource | **Anfahrt** über D 443 | **Öffnungszeiten** täglich 9–17.30 Uhr, im Winter So geschlossen | **Tipp** Wer nicht Golf spielen will: einfach einen Café an der Bar bestellen, auf die Terrasse hinterm Schloss gehen, auf die alte Schlosstreppe setzen und genießen – und die Spieler an Loch 18 verzweifeln sehen.

22 Das Musée du Fromage
Apfelsaft, Burgunder und gesalzene Kuhmilch

Für einen so berühmten Käse ist sein Namensgeber, das Örtchen Chaource am Rande der Côte des Bar, ein erstaunlich stilles Fleckchen. Die Bewohner scheinen sich hinter Gartenmauern und dicht verschlossenen Fensterläden der Häuser zurückgezogen zu haben. Manche Fassaden wirken, als ob ihnen ein neuer Anstrich guttun würde. Nur das Moos, das sich auf einigen Dächern sonnt, bringt Farbe ins Spiel. Am Place de l'Église zwischen der alten Saint-Jean-Baptiste (Foto), dem Weltkriegsdenkmal und dem Musée du Fromage ist alles ruhig. Der Versicherungsdienstleister an der Ecke hat zu, das Tabakgeschäft weiter hinten macht Mittagspause, und selbst ein Hund, der sonst klischeeartig in allen leeren Dörfern der Welt bellt, ist nicht zu hören.

Das also soll die Heimat des Chaource, des köstlichen Weichkäses aus leicht gesalzener Kuhmilch, sein? Kaum zu glauben, wenn da nicht Monsieur und Madame Bellot wären: Ihr privates, kleines und liebevoll eingerichtetes Musée du Fromage zeigt die Geschichte und Tradition des Chaource – und der Käseproduktion generell. In den Räumen sind Milchpumpen, Trichter, Butterfässer, Kupferkessel, Pressen und Käseharfen ausgestellt. Die Bellots haben sie in der Aube und den Pyrenäen gesammelt. Sie stammen aus dem 18., 19. und frühen 20. Jahrhundert.

Nach dem Rundgang gibt es auch hier eine Verkostung. Natürlich mit Chaource. Aber dazu nicht etwa einen Champagner, sondern ein herrliches Gläschen Burgunder. Oder auch ein Glas Apfelsaft aus dem Pays d'Othe östlich von Troyes, dem Landstrich der ungezählten Apfelbäume, der deswegen auch die »Kleine Normandie« genannt wird. Käse, Wein und Saft sind im Preis von maximal fünf Euro inbegriffen. Die einzige kleine Hürde sind die Öffnungszeiten. Zwar gibt es sie, doch im Grunde halten es Madame und Monsieur Bellot mehr oder weniger, wie sie wollen: Wenn auf ist, ist auf, wenn zu ist, ist zu.

Adresse 17 Place de l'Église, 10210 Chaource | **Anfahrt** über D 443 oder D 444 | **Öffnungszeiten** Sa, So 10–18 Uhr, Tel. +33/325401067, Nov.–28. März geschlossen | **Tipp** Ebenso privat und originell ist das »Musée de la voiture à pédales et du jouet ancien« rechts vom Käsemuseum in der Rue du Pont de Pierre. In dem blauen Häuschen verbirgt sich eine Sammlung von Spielzeug und 200 alten Tretautos. Einfach klopfen, mit etwas Glück öffnet sich die Tür.

23 Die Festung der Falkner
Aromapflanzen, Adler und beste Aussicht

Viel ist nicht mehr zu sehen von der alten Festung, die Flodoard von Reims, der westfränkische Chronist, im Jahr 923 zum ersten Mal erwähnt hat. Einst war sie ein Prunkstück mittelalterlicher Verteidigungsarchitektur. Im 12. Jahrhundert sollen von diesem Burghügel stolze elf Türme über das Marne-Tal geragt haben. Zerstört wurde sie bereits während des Hundertjährigen Krieges zwischen Engländern und Franzosen im 14. und 15. Jahrhundert. Doch in und um die Ruinen der Festungsmauern herum ist immer noch viel aus alter Zeit lebendig: Am alten Stadttor Saint-Pierre, zwischen 1220 und 1236 erbaut, befindet sich ein vom Mittelalter inspirierter Garten, »Le Jardin Riomet«, in dem zwischen alten Obstbäumen Heil- und Aromapflanzen gedeihen. Wieder erblüht sind auf dem Burggelände in der »Roseraie« auch rund 50 Sorten alter Rosen, die im 13. Jahrhundert bereits der berühmte Theobald von Champagne so liebte.

Und während unten am Cours Renan das kleine Museum »Le Casteloscope« in die Bauphasen der alten Festung einführt, findet oben auf dem Vorplatz der Burg, gleich neben dem Mittelalter-Holzhüttendörfchen mit Ziegen und Lamas, das Highlight statt: »Les Aigles de Château-Thierry«, die Greifvogel-Flugschau. Bei dem »Spectacle de Fauconnerie« treten bis zu sechs Falknerinnen und Falkner in mittelalterlicher Kleidung auf – mit Umhang, Skapulier und rotem Hemd, mit ledernen Gürteln, Westen und Taschen, mit Oberarm- und Schulterschutz sowie Handschuhen mit Büffel-Fettleder-Sattel. Bis zu 70 Greifvögel aus 25 Arten lassen sie je nach Flugschau in die Lüfte steigen. Die Zuschauer auf Holzbänken im weiten Kreis drum herum können dann nicht nur ausführlich beobachten, wie die Adler, Eulen, Falken und Bussarde majestätisch ihre Bahnen ziehen, sondern haben auch die Gelegenheit, die beste Aussicht auf das Tal, die Stadt und das Rathaus mit seinem spitzen Türmchen zu genießen.

Adresse 1 Cours Renan, 02400 Château-Thierry | **Anfahrt** über die Rue de Château oder Rue de Fere | **Tipp** Auf dem Platz am Fuß der Burganlage zwischen Rue Jean de la Fontaine, Rue de Fere und Cours Renan kann man parken. Von hier geht es quer zur Burg hinauf. Oder man parkt am östlichen Zipfel der Burg vor dem Imbiss »L'Estaminet du Château« am Cours Renan. Von dort führt ein 300 Meter langer Weg, die Allée Victor Gardeur, zur Burgruine.

24 Die Herberge Gottes
Der morbide Charme des Weltkriegskrankenhauses

»Salus infirmorum«, steht über einem der Eingänge zum Hôtel-Dieu. Um Heilung und Rettung der Kranken ging es hier schon seit dem Jahr 1304, als es gebaut wurde. Doch von dem ursprünglichen Komplex ist nichts mehr übrig. Erst im 19. Jahrhundert entstand das Hôtel-Dieu, das Krankenhaus für die Alten und Armen, in seiner heutigen Form: mit dem u-förmigen Grundriss des Ziegel-Kalkstein-Gebäudes, der Arkadenfassade an der Ostseite und dem Schieferdach. Erhalten sind das alte Wohngebäude der Augustinerinnen und die 1694 erbaute Kapelle. Eine wichtige Rolle spielte das Krankenhaus im Ersten Weltkrieg, als es zahlreiche Verwundete aufnahm. 1983 wurde es geschlossen und nur noch für Kunstausstellungen genutzt. 2010 zog schließlich das »Musée du Trésor« ein. Es zeigt die historische Schatzsammlung von Château-Thierry.

Immer noch wirkt die Außenfassade so, als sei die letzte Nonne, die in den 1960er Jahren die »Herberge Gottes« verließ, gerade erst fort. Doch diese Patina macht den Reiz aus. Im Museum warten Gemälde aus der Renaissance, Skulpturen und Keramiken aus dem 19. Jahrhundert und eine Sammlung von kleinen Standuhren aus Bronze, Marmor, Schildpatt und Kupfer, manche 300 Jahre alt. Auch die Eisenkäfiguhr aus dem Glockenturm der Hauskapelle ist ausgestellt. Die originellsten Objekte stammen allerdings aus dem Krankenhausalltag: eine Äthermaske aus Edelstahl aus den 1920er Jahren, ein Krankentransportstuhl aus Holz mit gepolstertem Leder, der auch in einem Gentlemen's Club stehen könnte, eine Sterling-Bunnell-Schiene für Handgelenke, einige alte Zangen zum Zähneziehen und Entfernen der Rachenmandeln sowie eine Amputationssäge mit Holzgriff und Metallsägeblatt aus dem 18. Jahrhundert. Angesichts der recht rustikalen Zacken würde man im Notfall die glatte und saubere Arbeit einer Guillotine wohl mit ganz neuen Augen sehen.

Adresse 11 Rue du Château, 02400 Château-Thierry | Anfahrt über die Avenue Joussaume Latour | Öffnungszeiten Führungen: April–Okt. Mi–So, Nov.–März Fr, Sa 15 Uhr, Mo, Di geschlossen | Tipp Das sechs Kilometer entfernte »Monument Américain«, das »Amerikanische Ehrenmal« zum Gedenken an den Ersten Weltkrieg, ist eindrucksvoll. In Optik und Größe erinnert es an das »Lincoln Memorial« in Washington.

CHÂTEAU-THIERRY (MARNE-TAL)

25 Das Musée Jean de La Fontaine

Die fabelhafte Welt des großen Dichters

»Du hast letztes Jahr schlecht über mich geredet«, sagte der Wolf. »Da war ich noch gar nicht geboren«, erwiderte das Lamm. »Dann war es dein Bruder.« – »Ich habe keinen Bruder«, sagte das Lamm. »Egal«, antwortete der Wolf, »ich muss mich dafür rächen.« Er packte das Lamm, schleppte es in den tiefen Wald und fraß es auf.

Szenen wie diese aus der Fabel »Le Loup et l'Agneau« aus Jean de La Fontaines Werk finden sich schriftlich überall auf Schildern in den Gassen seiner Geburtsstadt Château-Thierry – oder auch an Hauswänden und Laternen oder als Pappfiguren am Bürgersteig. Am 8. Juli 1621 kam Frankreichs großer Fabeldichter in dem Stadtpalais, das seit 1876 das »Musée Jean de La Fontaine« ist, zur Welt. 1676 verließ er mit 55 Jahren als respektierter Gesellschaftskritiker seine Heimatstadt und ging nach Paris, wo er 19 Jahre später starb.

Das bereits 1559 errichtete feudale Geburtshaus an der kopfsteingepflasterten und nach ihm benannten Rue Jean de La Fontaine wurde nur sparsam verändert. Zwar verschwand im 18. Jahrhundert der zierliche Turm, in dem der dichtende Jean sein Arbeitszimmer hatte, dennoch ist vieles authentisch. Sein »heutiges« Arbeitszimmer liegt nun im ersten Stock. Alles ist kostbar eingerichtet, mit Möbeln aus dem 17. Jahrhundert und verzierten Kaminen. Wandteppiche und Ölgemälde zeigen Tiermotive aus seinen Fabeln. Porträts und Büsten des Meisters schmücken die Räume. Auch die grafische Kollektion ist reich ausgestattet mit Tierzeichnungen von großen Namen wie Jean-Baptiste Oudry, Gustave Doré, Marc Chagall oder Jean Cocteau. Es ist die gesammelte Welt des Jean de La Fontaine.

Seine Fabeln haben von ihrer Aktualität nichts eingebüßt. Immer noch sind ihre Wahrheiten erhellend. Oder auch ernüchternd wie bei der Fabel vom Wolf und dem Lamm, »Le Loup et l'Agneau«. Die bittere Erkenntnis lautet: Erst kommt das Fressen, dann die Moral.

Adresse 12 Rue Jean de la Fontaine, 02400 Château-Thierry | **Anfahrt** über D 1 und Avenue de Soissons | **Öffnungszeiten** April–Okt. 9.30–12 und 14–17.30 Uhr, Sa, So 9.30–18 Uhr, Mo geschlossen; Nov.–März 9.30–12 und 14–17.30 Uhr, So, Mo geschlossen | **Tipp** Wer La Fontaine nicht lesen, sondern sehen will, geht die Steintreppe hinauf rechts in den Raum »Baron Feuillet de Conches«. Dort läuft ein Film über ihn. Und wer ihn nicht sehen, sondern trinken will, fährt 20 Kilometer südwestlich nach Charly-sur-Marne. Das Champagnerhaus Baron Albert produziert dort den »Jean de la Fontaine L'Éloquente«.

CHAVOT-COURCOURT (CÔTE DES BLANCS)

26_Saint-Martin
Die Bilderbuchkirche auf des Weinbergs Spitze

Auf dem Mont-Félix sind die Gläubigen der Église Saint-Martin nicht nur dem Himmel näher, sondern auch dem, was schmackhaften Messwein ausmacht – den Reben. Denn die 1108 auf dem 230 Meter hohen Hügel erbaute Kirche liegt inmitten der Weinberge – genau dort, wo Jahrhunderte zuvor die Gallier eine Feuerstelle als Kommunikationsmittel installiert hatten. Mehrfach wurde die romanische Kirche durch Verwüstungen und Brandanschläge schwer beschädigt. In der Gotik und vor allem in der Renaissance bauten die Bewohner der umliegenden Ortschaften sie wieder auf. Aus dieser Zeit stammt die heutige Apsis, und auch die Gänge erhielten damals ihr aktuelles Gesicht. Im Seitenschiff der Kapelle befindet sich zwar eine Jakobsmuschel, doch es ist nicht sicher, ob Saint-Martin tatsächlich auf einem Weg der Pilger nach Santiago de Compostela gelegen hat. In der Renaissance waren Muscheln als Dekoration modern. Aus dem 12. Jahrhundert stammen zudem der Turm und die Säulen des Kirchenschiffs.

Die weit ins Land sichtbare Église Saint-Martin ist wegen ihrer traumhaften Lage und des Panoramas vor allem bei Tauf- und Hochzeitsgesellschaften beliebt. Die Schlichtheit im Innenraum mit den Holzbänken, dem einfachen Altar und den wuchtigen viereckigen Säulen strahlt vor allem dann eine fast spirituelle Ruhe aus, wenn an schönen Tagen die Sonnenstrahlen durch die Fenster der Apsis hell hineinleuchten. Der Friedhof neben der Kirche ist klein, hat aber durchaus noch Platz. Auf manchen der steinernen Grabplatten liegen frische Blumen. Erst kürzlich gab es eine Bestattung. Es mag kein Trost sein – aber es gibt sicher schlechtere Orte, um begraben zu werden. Oder um zu trauern.

Vor dem Friedhof befindet sich ein kleiner Parkplatz. Auch er ist umringt von Rebstöcken. Rechts von ihm hängen die Trauben so nahe, dass die Versuchung, sie zu pflücken, groß ist. Nun ja, nicht erwischen lassen!

Adresse 31 Rue de l'Église, 51530 Chavot-Courcourt | **Anfahrt** über D 951 in die Rue du Mont Félix | **Öffnungszeiten** Juli–Sept. So 10–12.30 und 14.30–18.30 Uhr | **Tipp** Von der Kirche lohnt sich ein Spaziergang (20 Minuten) ins Dorf von Courcourt. Am Ende der Rue de la Source liegt ein altes, hübsches »Waschhaus«, das Lavoir de Courcourt. Es erinnert an Kneipps Wechselfußbad und kühlt wunderbar.

CHIGNY-LES-ROSES (MONTAGNE DE REIMS)

27 Die Domaine du Chalet
Die Hotelsuite in der zehn Meter hohen Rotbuche

Damit kein Irrtum aufkommt: Was aussieht wie Robin Hoods geheimer Unterschlupf im Sherwood Forest, ist eine Luxussuite. Von einer solchen Hütte hätte Italo Calvinos berühmter »Baron auf den Bäumen«, der nach einem Streit mit seinem Vater anlässlich eines »ekelhaften Schneckenessens« entschied, sein weiteres Leben in luftiger Höhe zu verbringen, nur geträumt. Das Baumhaus, zehn Meter hoch in den dicken Ästen einer gewaltigen Rotbuche auf dem herrschaftlichen Anwesen der Domaine du Chalet, ist als Hotelsuite in der Champagne einzigartig.

1869 wurde die Domaine als Sommerresidenz für Madame Pommery (1819–1890) in Chigny-la-Montagne gebaut. Louise Pommery liebte Rosen, und so war sie es, die die Gemeinde überzeugen konnte, das Örtchen in Chigny-les-Roses umzubenennen. Seit 2017 gehört die Domaine dem Champagnerhaus Palmer. Durch ein imposantes Tor führt ein geschwungener Weg durch den Park mit seinen mittlerweile uralten Bäumen zum kleinen Brunnenplätzchen und Eingang des Hotels. Drinnen erwarten den Gast elegantes Mobiliar auf Dielenböden, alte Kamine, ein Restaurant, ein Hallenbad und im Erdgeschoss die Suite Soléra mit Zugang zum Patio. In der ersten Etage sind die größeren Suiten »Les Reflets« und »Amazone« und schließlich in der zweiten die Familiensuite »Les Marches du Temps«.

Wer noch höher schlafen möchte, muss schwindelfrei sein. Draußen im Park steigt man über eine Holztreppe und einen gut gesicherten Steg die Rotbuche hoch ins »La Canopée«. In der 16 Quadratmeter großen Suite befindet sich neben einem klitzekleinen Salonbereich ein großes Doppelbett, es gibt ein kleines Badezimmer und eine Hängeterrasse. Das Frühstück wird von außen per Seilwinde in einem Korb geliefert. Und wie einst im wilden Leben des Robin Hood muss man die Leine schon selbst hochziehen. Der größte Luxus allerdings ist die Ruhe: Es gibt im »Canopée« weder Fernsehen noch WLAN.

Adresse 24 Rue du Chalet, 51500 Chigny-les-Roses | **Anfahrt** über D 26 und Allée Frederic Chopin | **Öffnungszeiten** Di – Sa, So, Mo geschlossen | **Tipp** Wer auf den Geschmack von Palmer gekommen ist, sollte in Reims am Stammsitz an der Rue Jacquart 67 nicht nur den Wein kosten, sondern auch die wechselnden Kunstausstellungen besuchen. Zuletzt hat der Aktmaler Alain Bonnefoit Palmers Champagner »Amazone« »interpretiert« – mit dem Porträt einer nackten Kriegerin.

CHOUILLY (CÔTE DES BLANCS)

28 Das Château de Saran
Das Luxus-Schlösschen für Stars und Sternchen

1801 wurde das exklusive Château auf den Hügeln zwischen Chouilly und Cramant erbaut. Jean-Remy Moët, Enkel des Gründers des Champagnerhauses, hatte das Land erworben und wollte ursprünglich ein Jagdschloss bauen. Doch der Familie gefiel es hier so gut, dass sich das Schlösschen mehr und mehr zu ihrer Wohnresidenz entwickelte. Als Gäste wurden damals fast nur Prinzessinnen, Könige und Minister geladen. Selbst einheimische Winzer wussten nicht, wie es drinnen aussah. Ab den 1960er Jahren logierten verstärkt auch Prominente aus Sport und Showgeschäft im Schloss. Nach fünfjähriger Renovierung wurde das Château de Saran 2019 unter den Augen von Stars wie Roger Federer, Natalie Portman, Uma Thurman und Kate Moss neu eröffnet. Seitdem erstrahlt es in neuem Glanz.

Die kurvenreiche Auffahrt durch die Gärten führt über den gepflasterten Vorplatz zunächst vorbei an dem rotbacksteinigen Vendangeoir: Die alte Weinproduktion ist durch einen unterirdischen Gang mit dem Haupthaus verbunden. Dann geht's zum Schloss. Der neue Empfangsbereich verleiht ihm genauso Glamour wie die elf Luxussuiten in den oberen Stockwerken oder die Salons im Erdgeschoss, darunter der Speisesaal mit Deckenleuchten aus Glas und Gold, die in Form von Weinblättern über der großen Tafel schweben. Das historische Mobiliar stammt aus Familienbesitz oder wurde bei Auktionen zugekauft.

Heute erhält man auch als Normalsterblicher Einlass. Allerdings nur auf Einladung von Moët & Chandon. Wer also nicht Sommelier, Champagnerhändler oder Großeinkäufer ist, wird sich damit begnügen müssen, das Schloss von außen zu besichtigen. Noch besser ist aber der Spaziergang durch die Weinberge: Links vom Schloss führt der Fußweg Richtung Cramant nach einer Viertelstunde an die Rue de L'Orme. Dort geht es rechts in die Weinberge und dann fast im Kreis um den Berg zum Château zurück. Dauer: gemütliche eineinhalb Stunden.

Adresse Château de Saran, 51530 Chouilly | **Anfahrt** D 3 Abfahrt Chouilly, über Rue d'Avize in den Weinberg | **Öffnungszeiten** nur auf Einladung | **Tipp** Wer sich auf den Weg nach Cramant macht, sollte das Champagnerhaus Diebolt Vallois an der Rue Neuve 84 besuchen. Die Familienkellerei gehört zu den besten an der Côte des Blancs. Mo–Fr 9–11.45 und 13.45–18 Uhr, Sa 9–11.45 und 14–16.30 Uhr, So geschlossen.

29 Die Moët-Loge
Der schickste Geräteschuppen der Champagne

Aus der Entfernung wirkt die Weinberghütte von Moët & Chandon auf dem Hügel Montaigu so, als ob sie über den Rebstöcken schwebte. Sie ist heute ein so beliebtes Fotomotiv, dass manche in ihr schon das Wahrzeichen der Weinberge sehen. Doch lange war sie nur eine von vielen Hütten, die die Winzer nutzten, um ihre Ausrüstung zu verstauen, Essenspausen zu machen oder sich an zu heißen oder kalten Tagen zu schützen. Es waren fast immer einfache Hütten aus Stein, Holz oder Ziegel. Im Zweiten Weltkrieg versteckten Widerstandskämpfer hier Waffen – oder auch Menschen, die vor der Gestapo flohen. Mit der immer stärkeren Nutzung von Traktoren und Transportern verloren die Hütten allmählich ihren ursprünglichen Sinn. Viele wurden in der zweiten Hälfte des 20. Jahrhunderts abgerissen, andere verfielen. Doch dann kam der Weintourismus und entdeckte sie als Zeugen der lokalen Weinkultur neu. Viele Winzer begannen, ihre Hütten zu sanieren, um Gäste bei einem Picknick mit Andouillette aus Troyes, Käse aus Chaource und Champagner aus dem eigenen Haus zu bewirten – andere wurden neu gebaut.

Auch die Moët-Loge war einst nicht mehr als ein hübscher Geräteschuppen. Erst im Laufe der Zeit wurde sie repräsentativer. Das viereckige Backsteinhaus mit dem Schieferdach und der kleinen Terrasse mit Blick auf die Weinberge trägt immer noch das Monogramm von Victor Auban-Moët, dem Schwiegersohn von Victor Moët, dem Enkel des Firmengründers. Der Hügel Montaigu hat für das Unternehmen große Bedeutung. Nur eine halbe Stunde Fußweg östlich durch die Weinberge bis zur D 9 in Richtung Oiry befindet sich in den Feldern Moëts neue »Cuverie«. Die 2012 eröffnete futuristische Kellerei erweitert die bisherige Produktion um 25 Prozent. Moët ist mit 1.500 Hektar Rebflächen und einer Produktion von 62 Millionen Flaschen – 20 Prozent aller jährlich hergestellten Champagner – Marktführer.

Adresse Rue d'Avize, 51530 Chouilly | **Anfahrt** D 3 nach Chouilly, dann südlich in die Weinberge | **Tipp** Wer alles von oben sehen will, muss ins Aérodrome »Les Ailes Sparnaciennes«, acht Kilometer entfernt. Dort sind Drachen-, Gleitschirm- und Propellermaschinenfliegen, Fallschirmspringen und Kunstflug möglich; im Sommer täglich 9–12 und 14–18 Uhr, im Winter täglich 10–12 und 14–17 Uhr, Di geschlossen.

30   Die Abtei von Clairvaux
Kloster, Rippengewölbe und Staatsknast

In diese Lichtung mitten im gallischen Unterholz des Val d'Absinthe hatte sich der heilige Bernhard verguckt. Genau dort gründete er am 25. Juni 1115 sein erstes Kloster und nannte es »Clara vallis«. Aus dem »claire vallée«, dem klaren Tal, wurde bald Clairvaux, das heute zur Gemeinde Ville-sous-la-Ferté gehört. Nach der Französischen Revolution wurden Bernhards Zisterzienser allerdings verjagt. Und 1808 machte Napoleon schließlich aus der Abtei eines der bestbewachten Gefängnisse Frankreichs. Das blieb es bis 1971. Heute ist ein Teil des Geländes, die »Maison centrale de Clairvaux«, immer noch Staatsknast, der andere als Museum zugänglich.

Der Eingang zur Abtei befindet sich in der Hostellerie des Dames, wo die »Association Renaissance de l'Abbaye de Clairvaux« ihren Sitz hat. Wer hofft, altes Mobiliar, Madonnenfiguren, Schriftstücke oder gar die große Bibel des heiligen Bernhard zu sehen, wird enttäuscht. Die etwa eineinhalbstündige Führung geht – abgesehen vom Buchladen im Erdgeschoss und der Ausstellung im ersten Stock – durch die mehr oder weniger nackten Räume der ehemaligen Kloster- und Gefängniswelt. Dennoch sind das alte Rippengewölbe und der Kreuzgang aus dem 18. Jahrhundert genauso eindrucksvoll wie die kleine Kapelle im neugotischen Stil oder die Gitterverschläge und »Hühnerkäfige«, in denen die Gefangenen hausen mussten. Fotos zu machen ist schwierig. Wegen der immer noch vorhandenen Nähe zum Gefängnis sind Kameras und Handys verboten. Jeder Besucher muss zudem bei der Anmeldung seinen Personalausweis vorlegen.

Und Saint Bernard? Seine Spuren sind heute vor allem unterirdisch sichtbar: Er ließ nämlich in der gesamten Region Weinkeller bauen. Sie vermehrten sich damals so rasant wie heute das Filialgeschäft von Starbucks. In den Gewölben, die von lokalen Winzern genutzt werden, reift der Wein der Champagne immer noch am besten.

Adresse Hostellerie des Dames, 10310 Clairvaux sur Aube | **Anfahrt** über D 101 oder D 12 | **Öffnungszeiten** 15. Dez.–15. Feb. geschlossen; täglich mindestens zwei Führungen, Voranmeldung unter Tel. +33/325275255 | **Tipp** Um 1800 wurde die Bibliothek mit 40.000 Büchern aus Sicherheitsgründen nach Troyes gebracht. Die Clairvaux-Kollektion ist die wichtigste französische mittelalterliche Sammlung. Besonders kostbar ist die große Bibel des heiligen Bernhard, die 1151 fertiggestellt wurde. Die Bücher sind einsehbar unter www.bibliotheque-virtuelle-clairvaux.com.

31 La Boisserie
Das Landhaus des berühmtesten Präsidenten

»Die Boisserie – das ist meine Bleibe«, schrieb General Charles de Gaulle (1890–1970) in seinen Memoiren über sein Landhaus. Hierhin zog er sich zurück, um abseits der Weltpolitik nachzudenken. »Wenn ich dort auf den Horizont und die Weite des Himmels schaue, stellt sich meine Gelassenheit wieder ein.« Bereits 1934 hatte Frankreichs späterer Staatspräsident mit seiner Frau Yvonne den bescheidenen Landsitz aus dem Jahr 1810 in der bewaldeten Umgebung von Colombey-les-Deux-Églises gekauft. Sie wollten vor allem ihrer jüngsten Tochter Anne, die mit dem Downsyndrom geboren wurde, einen Ort zum Wohlfühlen verschaffen. Die Familie verbrachte hier zunächst ihre Ferien. Doch später kam sie fast jedes zweite Wochenende. Und es war ein historisches Ereignis, als de Gaulle Kanzler Konrad Adenauer in die Boisserie einlud – eine große Geste, die das ernsthafte Verlangen beider Männer nach Aussöhnung unterstrich.

Ein etwa 100 Meter langer Fußweg führt vom Eingangstor über den weißen Schotterweg durch den 2,5 Hektar großen Park zum Landhaus. Der Garten ist gepflegt, die Blumen blühen, die Hecken sind geschnitten, eine Frauenskulptur leuchtet in der Sonne. Einzig die Minigolfbahn ist demontiert. Ihr Grundriss ist aber noch zu erkennen. Durch ein Säulenportal gelangt man ins Foyer, in dem sich auch die kleine Telefonzelle befindet, die sich der General für seine Staatsgespräche extra hatte einbauen lassen. Die sechs Schlafzimmer in der ersten Etage sind nicht zu besichtigen – sie werden von der Familie de Gaulle privat genutzt. Dafür sind im Erdgeschoss das Speisezimmer, der Salon und das Büro das Generals mit Blick auf die dicht bewaldete Ebene des Forêt des Dhuits zu sehen – ebenso wie die große Bibliothek: Sie ist gefüllt mit Fotos und Geschenken von Staatsgästen – und natürlich mit Büchern, auch deutschsprachigen, denn Charles de Gaulle sprach sehr gut Deutsch.

Adresse 1 Rue du Général de Gaulle, 52330 Colombey-les-Deux-Églises | **Anfahrt** über D 23 | **Öffnungszeiten** Okt.–Dez., Feb.–März täglich 10–12.30 und 13.30–17.30 Uhr, Di geschlossen; April täglich 10.30–12.30 und 13.30–18.30 Uhr; Mai–Sept. täglich 9.30–13 und 14–18.30 Uhr; 31. Dez.–31. Jan. geschlossen | **Tipp** Wenige Minuten zurück ins Dorf, vorbei an de Gaulles Familiengrab, geht es auf der Rue des Vignes zum »Mémorial Charles de Gaulle«. Das riesige Ehrenkreuz oberhalb des Museums ragt schon aus der Ferne sichtbar empor.

CONDÉ-EN-BRIE (MARNE-TAL)

32___Das Château de Condé
Richelieu, Marquis de Sade und ein Schatz im Park

In seinen weichen Himmelbetten schliefen einige, die sich einst in Frankreichs Macht- und Mätressen-Szene Rang und Namen erworben hatten. Ob François de Bourbon, Kardinal Richelieu, Olympia Mancini, die Geliebte des Sonnenkönigs und Ehefrau von Eugen Moritz von Savoyen-Carignan, oder die Familie des für seine provokanten Romane berühmten Marquis de Sade – das Château de Condé, erbaut auf den Resten einer galloromanischen Burg, ist mit seinen eleganten Schlaf-, Wohn- und Badezimmern, den langen Gängen, dem Ballsaal und den reich dekorierten Salons ein kleines Märchenschloss – und zwar heute für alle.

Mitte des 16. Jahrhunderts hatte es Louis I. de Bourbon, Prinz von Condé, übernommen. 1814 erbte es die Familie de Sade und besaß es bis in die 1980er Jahre. Seitdem ist es Privatbesitz der Familie von Aymeri de Rochefort, einem freundlichen Schlossherrn, dem vor allem daran gelegen ist, in den über 80 Sälen und Räumen des Schlosses die französische Geschichte und Kultur lebendig werden zu lassen. Neben Kostümbällen im historischen Louis-XIV- oder Louis-XVI-Look organisiert er auch für Familien Programm: Für die Kinder gibt es Ritterspiele und Schatzsuche im Park, zwischen dessen über 300 Jahre alten Bäumen manchmal die Rehe Fangen spielen.

Im Schloss sind allein schon die Gemälde von Jean-Baptiste Oudry und Antoine Watteau, von dem vor wenigen Jahren hinter einem geheimen Spiegel ein Werk entdeckt wurde, den Besuch wert. So verborgen manche Gänge unter dem Château sind, von denen einige bis zu den Zuläufen der Flüsse Dhuis und Surmelin führen, so geheim ist auch die kaum sichtbare Tür, die in die Schlossbibliothek eingebaut ist. Sie führt durch die Bücherwand zur ehemaligen Wohnung des Bibliothekars. Sie zu öffnen bedarf allerdings keines Tricks. Wer sich vor der Führung für einen Besuch des Zimmers anmeldet, kommt problemlos hinein.

Adresse 4 Rue du Château, 02330 Condé-en-Brie | **Anfahrt** über D 4 | **Öffnungszeiten** täglich 10.30 – 12 und 14.30 – 18 Uhr, Mo geschlossen | **Tipp** 300 Meter vom Schloss liegt die Markthalle aus dem 15. Jahrhundert. Ihr Ziegeldach wird von zehn dicken Säulen getragen. Donnerstagvormittag ist Markt. Daneben, in der »Maison commune«, die auf acht Säulen steht, tagte bis in die 1940er Jahre das Laiengericht.

33 Das Château de Cormicy
Wo jeder mal Schlossherr spielen kann

Königliche haben hier nie gewohnt. Aber von Anfang an hieß es »Schloss« und sah auch immer so aus. Doch dann verfiel es. Bis Blanche-Marie und Laëtitia kamen. Nur 15 Autominuten vom Château de Cormicy, in Brimont, wuchsen die Töchter der Winzerfamilie Hotte-Schmit auf. Sie wollten in »Activité oenotouristique« investieren, in Weintourismus, und suchten nach einem Ort, der ihren Traum erfüllen konnte. Das Château war zwar verlassen und erinnerte in seinem verwahrlosten Zustand an ein Spukschloss. Doch als die Schwestern es sahen, verliebten sie sich sofort in das Gebäude mit den beiden Flügeln, den Fensterverschlägen, den Schornsteinen, Schiefertürmchen und der Terrasse zum großen Garten. 2019 kauften und renovierten sie das Schmuckstück, für Hochzeiten, Firmenfeiern und Seminare – und für alle, die Champagner verkosten wollen.

Erst 1925 wurde das kleine Château nördlich von Reims inmitten des großen bewaldeten Parks des Dorfes erbaut und vom Grafen Pierre Joseph Guillaume erworben. Er war auch Bürgermeister des Ortes. Lebte er heute noch, würde er wohl gleich wieder einziehen. Denn vieles im Haus erinnert an die Anfangszeit. Einige Räume strahlen wieder in der bunten und kräftigen Farbe der ersten Jahre. Der Pleyel-Flügel aus der Mitte des 19. Jahrhunderts prunkt im Salon ebenso wie die schmale Hausorgel mit ihren 16 Metallpfeifen am Eingang. Auch die Glocke von 1750 an der Wand zum kleinen Treppenhaus lässt sich immer noch läuten. Neben der Bibliothek und dem Speisesaal bietet allein der Empfangsraum Platz für 50 Feiernde. 27 Personen können in den Suiten der ersten Etage und im Ferienhaus nebenan übernachten. Zwölf Schlafzimmer stehen zur Verfügung.

Wohl dem, der das alles mieten kann. Die »Cuvée historique de la famille Hotte-Schmit« ist allerdings mit 15,40 Euro für einen echten Champagner ein wirkliches Schnäppchen.

Adresse 2 Rue du Prieuré, 51220 Cormicy, www.chateaudecormicy.com | **Anfahrt** über D 32 oder D 530 | **Öffnungszeiten** nach Vereinbarung, Tel. +33/624175158 | **Tipp** Fährt man vom Château das kurze Stück über die D 32 bis zur Abfahrt auf die D 944 Richtung Reims, liegt gleich an der Straßenecke der Cimetière Français de Cormicy, einer der fünf großen Militärfriedhöfe Frankreichs. Hier sind 14.000 französische Soldaten aus dem Ersten Weltkrieg begraben.

34 Die Steinhütten-Wanderung

Warm im Winter, kühl im Sommer, trocken bei Regen

Sie sehen aus wie Bauten aus der Steinzeit und sind doch erst 200 Jahre alt – die »Cadoles«. In der Region Aube stehen solche Steinhütten zu Dutzenden an den Wegen durch die Wälder. Die Winzer hatten sie einst als Unterschlupf und als Schutz vor der Witterung errichtet. Für den Bau einer dieser altertümlichen Zufluchtsorte benötigten die Winzer etwa zwei Tonnen Steine. Ihre Konstruktion war einfach: Sie nahmen flache Steine von den umliegenden Häusern, die sie kegelförmig aufstapelten. So erschufen sie eine Rundhütte mit einem Dach, in dessen Mitte ein Loch für den Abzug des Rauchs blieb, der durch das wärmende Feuer im Inneren der Cadoles entstand. Und so wie die Hütten im Winter wärmten, schützten sie im Sommer ihre Bewohner vor Hitze. Bis zu sechs Personen hatten in ihnen Platz. Und auch wenn die recht simplen Hütten ähnlich konstruiert waren, gleichen sie sich in der Größe und teils auch in der Form nicht wirklich. Manche laufen spitzer zu, andere haben vor dem Eingang einen eingefriedeten kleinen Vorhof. Wieder andere sind über und über mit Moos bewachsen.

Nach der Reblaus-Invasion, die um 1900 große Teile der Weinstöcke in der Champagne vernichtete, wurden die Cadoles fast vergessen und wucherten mit Unkraut und Brombeeren zu. Doch mit dem aufkommenden Tourismus kamen die Einheimischen auf die Idee, den Hütten neuen Glanz zu verleihen und einen »Circuit des Cadoles« um sie herum einzurichten. Der Wanderweg der Steinhütten von Courteron durch den »Bois de Rebras« ist zehn Kilometer lang, dauert etwa dreieinhalb Stunden und startet an der Rue des Oeillets in Courteron. Dort beginnt der erste Pfad, der Chemin de Charmoy. Schon nach wenigen Metern trifft man auf die erste von zwölf Steinhütten. Vorsicht: Die Cadoles sind nicht mehr besonders stabil. Dass man nicht auf ihnen herumklettert, versteht sich hoffentlich von selbst.

Adresse 2 Rue des Oeillets, 10250 Courteron | **Anfahrt** von D 671 auf D 971 | **Tipp** Man sollte nicht ohne Wanderkarte, erhältlich im Tourismusbüro Bar-sur-Seine in der Rue Gambetta 33, und wetterfeste Kleidung losmarschieren. Hunde müssen an die Leine. Picknick ist erlaubt, aber kein Grillen. Und: Während der Jagdsaison ist es besser, den Parcours zu meiden.

35 Das Bateau Champagne Vallée

Captain's Menu und Tanz auf der Marne

Schon immer fuhren die Franzosen gern zur See und bereisten die Weltmeere. Doch noch mehr lieben sie ihre Binnengewässer. In der Champagne spielt die Marne mit ihren 178 Kilometern die größte Rolle – früher für die Wirtschaft, heute für den Wassertourismus. Wie romantisch sich die Marne durch ihr Tal schlängelt, ist am besten bei einer Tour auf dem »Bateau Champagne Vallée« zu erleben. Die Reisedauer hängt davon ab, was man bucht. Denn von der einfachen Rundfahrt über eine Tour mit Diner, Tanz und »Captain's Menu« bis zu Hochzeits- und Geburtstagspartys ist alles möglich.

Der 1992 gebaute Schaufelraddampfer hat Platz für 140 Personen. Los geht's in Cumières. Das erste größere Stück führt nach Damery (Foto), zunächst unter der Brücke, die gleich in beiden Weltkriegen in die Luft gesprengt wurde, hindurch. Der Kapitän kommentiert, was zu sehen ist, und erzählt Anekdoten. Etwa die von Adrienne Lecouvreur, Damerys berühmtester Tochter. Sie war eine französische Schauspielerin, die zu Anfang des 18. Jahrhunderts so verehrt wurde, dass man ihr ein Theaterstück und eine Oper widmete. Auch in Damerys Kirche Saint-Georges aus dem 13. Jahrhundert ist eine Frau der Star: die »Jungfrau mit Kind«, gemalt vom Rokoko-Künstler Antoine Watteau.

Weiter geht die Fahrt gen Osten nach Venteuil. Wer Essen an Bord gebucht hat, darf sich jetzt für Fischterrine, Jakobsmuscheln und Entenconfit bei Caterer Christophe Tinot und seinem Restaurant »Le P'tit Boursault« bedanken. Von den Ufern von Venteuil kann man es fast sehen. Dort oben am Hang hat sich das große Château Boursault wie eine Perle in grünen Samt gelegt. Das »kleine Boursault« liegt nur eine Minute vom Schloss entfernt. Mit Blick auf das malerische Château lässt sich an der Bar auf dem Oberdeck des Schiffs noch eleganter ein Glas Champagner genießen, bevor es wieder nach Cumières zurückgeht.

Adresse für Abfahrt: 245 Quai de la Marne, 51480 Cumières | **Anfahrt** über D 1 | **Öffnungszeiten** 15. März–15. Dez. täglich dreimal, Mo geschlossen, mit Voranmeldung, Tel. +33/326544951 | **Tipp** Wer nicht über Wasser will, sondern über Land, geht den 3,5 Kilometer langen »Circuit des Pâtis de Damery«. Die Wandertour startet in Damery, führt über die Hügel, durchs Unterholz und Weidemoore – »landes pâturées«, daher der Name »Pâtis«. Infos im Rathaus von Damery auf der Rue Paul Douce 78, Mo–Fr 14–18 Uhr.

DAMERY (MARNE-TAL)

36 AR Lenoble
Das Geheimnis der Magnumflaschen

Es ist eine von vielen Einwanderergeschichten, die die Champagne geschrieben hat. Sie beginnt im Deutsch-Französischen Krieg von 1870/71. Joseph Graser flieht vor den Preußen aus dem Elsass in die Champagne, die Heimat seiner Ehefrau Alice. Mit 44 Jahren stirbt er. Sein Sohn, Armand-Raphaël, der Arzt werden wollte, muss aus finanziellen Gründen umplanen, wird Weinhändler und gründet 1922 eine eigene Champagnermarke. Seine Initialen »AR« und »Lenoble«, ein klangvolles Wort für edle Weine, bilden den Namen. Die Rechnung geht auf: Die Geschäfte laufen. Das Weingut ist bis heute zu 100 Prozent in Familienbesitz, der Wein bis in die Spitzengastronomie bekannt und beliebt.

Mittlerweile leiten seine Nachfahren das Weingut: Anne Malassagne und ihr Bruder Antoine (Foto). Das alte Wohnhaus und die Kelterei in Damery haben sie mit viel Liebe zum Detail renoviert. 18 Hektar Weinberg besitzen sie, in Chouilly, wo der Chardonnay als Grand Cru klassifiziert ist, in Bisseuil, wo der Pinot noir als Premier Cru eingeordnet ist, und in Damery. Sie verwenden nur die Cuvée aus der ersten Pressung. »Wenn man sich entscheidet, als Winzerin oder Winzer zu arbeiten, dann ist das mehr als ein Beruf. Es verändert das ganze Leben«, erklärt Anne, die hervorragend Deutsch spricht, ihre Leidenschaft. Als Verkaufsleiterin ergänzt sie sich mit ihrem Bruder ideal. Antoine ist Chef de Cave, voller Begeisterung und neuer Ideen: In den alten Kellern, die man unbedingt gesehen haben sollte, lagert ein Teil der Reserveweine in Magnumflaschen. In ihnen reift der Wein geschützt und dank eines idealen Verhältnisses von Flüssigkeit und Sauerstoff voller Aromen heran.

Wer an einer Verkostung teilnimmt, wird nicht nur den großartigen Champagner testen dürfen, sondern vielleicht auch den leckeren Käse, den die beiden anbieten. Oder den Honig aus eigenem Hause, denn Antoine ist auch Imker.

Adresse 35 Rue Paul Douce, 51480 Damery | Anfahrt über D1 | Öffnungszeiten Mo–Fr 9–17 Uhr, nach Vereinbarung | Tipp Wenn man Glück hat oder ein guter Kunde ist, nehmen einen die Eigentümer mit auf ihre kleine »Cabane de Vigneron« mitten in ihrem Weinberg von Chouilly. Das Champagner-Picknick in den Grand-Cru-Lagen ist superb!

DAMERY (MARNE-TAL)

37 Die Platanenallee
Die lange Chaussee des Ferdinand Foch

Schon Sokrates schwärmte in seinem »Phaidros« von einem ruhigen Päuschen unter hoch und weit verzweigten Platanen, deren Kronen angenehm Schatten spenden. Auch die Franzosen lieben sie, und das nicht nur im Süden der Republik. Im ganzen Land finden sich Platanenalleen. Sie säumen vielfach die alten »Routes nationales« und stammen vorwiegend aus dem Ende des 19. Jahrhunderts. Auch die rund 800 Meter lange »Allée de Platanes« von Damery ist ein solches Relikt aus vergangener Zeit. Allerdings ein bildhübsches. Sie verbindet die Stadt mit dem winzigen Vorort La Chaussée de Damery. Eine erste Aufnahme der Allee ist über 130 Jahre alt – die Gravur aus dem Jahr 1887 wird in der Carnegie-Bibliothek von Reims aufbewahrt.

Die hochgewachsenen Platanen zieren die heutige Route D 22. Wenn man von Damerys Zentrum über die Marne fährt, befindet sich auf der rechten Seite unter einem auffälligen Parkverbotshinweis ein kleines rechteckiges Schild, auf dem in weißer Schrift auf blauem Grund steht: Avenue Foch. Dass dem alten französischen Marschall und Helden des Ersten Weltkriegs gerade an dieser Stelle, wenn auch ungewöhnlich unauffällig, gedacht wird, ist kein Zufall. Die nur wenige Meter entfernte Brücke von Damery, die über die Marne führt, war in den Kriegsjahren heiß umkämpft. Auch deswegen stehen zwischen Brücke und Chaussee links und rechts gleich zwei Kriegsdenkmäler. Sie bilden gewissermaßen die Einfahrt in die Platanenallee und erinnern zugleich an den »Grande Guerre«.

Fährt man auf der Allee weiter Richtung La Chaussée de Damery, muss man aufpassen. Das letzte Stück führt über eine schmale, verengte Straße, die ein Seitenbecken der Marne überbrückt. Es ist die kleine »Pont de la Fosse Tournisse«. Offiziell hängt da zwar ein Vorfahrtsschild, doch in der Praxis gilt: Wer zuerst auf die Brücke fährt, mahlt zuerst – und gibt Gas.

Adresse L'Allée de Platanes de Damery, 51480 Damery | **Anfahrt** über D 3 und D 22 | **Tipp** Wer Fisch liebt, sollte sechs Kilometer weiter bei der Poissonnerie »Au Saumon Champenois« in der Rue Emile Zola in Mardeuil vorbeischauen. Hier gibt's von Krabben über Lachs und Muscheln bis Seezunge alles. Verkauf Fr 10–13 und 16–19 Uhr, Sa 8.30–13 Uhr. Sa, So auch auf den Märkten von Épernay.

ÉPERNAY

38 Die Avenue de Champagne
Die teuerste Meile der Winzerwelt

Sie ist rund 1.000 Meter lang und hat nur ein einziges Produkt zu verkaufen: Champagner. Doch zu glauben, die Hautevolee würde in den schicken Häusern der Avenue de Champagne nur in Glacéhandschuhen Schaumwein in sich hineinkippen, wäre falsch. Tagtäglich rollen auf der Durchgangsstraße von Épernay die Lieferwagen an und transportieren Wein in alle Welt. Die Avenue vereint, als Schaufenster der Winzer, »harte Arbeit« mit »schönem Leben«. Und natürlich: Wegen der Millionen an wertvollen Flaschen in den Kellern unter der Straße wird sie auch »l'avenue la plus chère du monde« genannt.

Zwischen 2005 und 2008 hat die Stadt ihre kleine »Park Avenue« auf Hochglanz gebracht. 290 Bäume wurden gepflanzt, Bürgersteige verbreitert und gepflastert, Parkplätze beseitigt, Werbeplakate verboten und Kandelaber installiert. Wer über die Avenue de Champagne läuft, muss an der Nummer 11 stehen bleiben. Die Maison Belle Époque, das einstige Herrenhaus der Gründerfamilie Perrier-Jouët, ist ein Kleinod des Jugendstils (Foto). Nur wenige Meter weiter, Nummer 13, liegt das gerade renovierte Château Perrier im Louis-XIII-Stil. 1940 befand sich dort das Hauptquartier der britischen, von 1942 bis 1944 das der deutschen Armee. Heute ist es das »Musée du vin de Champagne et d'Archéologie régionale«.

Während manche Adressen, wie Pol Roger an der Avenue 32, nur Eingeweihten zugänglich sind, sind andere, wie Moët & Chandon (Nummer 20), in dessen Hof Dom Pérignon als Statue eine Flasche Wein kredenzt, offen. Oder auch Eugène Mercier: 40.000 Besucher hat das Stammhaus an der Avenue 68. In der Eingangshalle steht ein 1.600 Hektoliter großes Holzfass mit einer Kapazität von 213.000 Flaschen. Eugène Mercier ließ es für die Weltausstellung 1889 von 40 Ochsen nach Paris schleppen. Das reich verzierte Fass erhielt den zweiten Preis. Sieger wurde der Eiffelturm.

Adresse Avenue de Champagne, 51200 Épernay | Anfahrt über D 3 oder Place de la République | Tipp Auf der Avenue de Champagne kann man nicht parken. Am besten sucht man sich einen Platz rund um den Place de la République, an dem die Avenue beginnt. Wer fußfaul ist, mietet sich an der Avenue de Champagne 7 beim »Office de Tourisme« ein E-Bike.

ÉPERNAY

39 Die Brasserie Le Parisien
Die Hauptstadt-Bar der Einheimischen

Wenn es eine Bar in Épernay gibt, in der sich vorwiegend Einheimische treffen, dann ist es das »Le Parisien« direkt am Place Auban Moët. Das Besondere: Es ist ein ganz normales Restaurant in zentraler Lage ohne gepudertes Trallala. Die ersten Stammgäste kommen schon morgens um halb acht zum kleinen Frühstück. Berufstätige kehren zum Mittagessen für Zwiebelsuppe, Tartiflette oder Specksalat ein. Freunde und Familie lassen den Abend bei Kalbskopf mit Sauce gribiche (natürlich kalt!), Kutteln, Coq au Vin, Steak frites oder einer Meeresfrüchteplatte ausklingen. Alles sehr französisch. Im Sommer stellt das Parisien Tische und Stühle in die Seitengasse, die Rue de la Juiverie, an deren Ecke die Bar liegt. Hier sitzen die Gäste bis spät in den Abend. Und wenn es im Winter kalt wird, flüchten sie in die erste Etage der Brasserie. An der Bar im Erdgeschoss direkt am Eingang fließen Bier und Champagner. Knapp 35 Sorten hält die Weinkarte bereit, die Flaschen kosten nicht viel mehr als im Geschäft.

Schon vor über 120 Jahren kamen die »Sparnaciens« – wie die Bewohner Épernays auf Französisch genannt werden – ins heutige Parisien, um Ess- und Trinkbares zu kaufen, also Lebensmittel. Denn um 1900 war das Lokal die Epicerie Centrale.

Dass das heutige »Parisien« wie eine Hommage an die französische Hauptstadt klingt, ist Tradition. Rechts neben der Bar auf der Porte Lucas befand sich in den 1870er Jahren eine feine Boutique namens »Au Petit Louvre« – die Top-Adresse für Damenoberbekleidung. Heute teilen sich ein Hörgeräteakustiker und eine Chocolaterie die Räume.

Links vom Parisien, in dem heutigen Design- und Dekogeschäft im Eckhaus an der schmalen Rue de la Juiverie, saßen die Einheimischen schon damals gesellig beieinander und tranken ihren Champagner – im Café de Paris. So wie heute im Parisien, und das nicht nur günstiger als in der Hauptstadt, sondern auch besser.

Adresse 9 Rue Porte Lucas, 51200 Épernay | **Anfahrt** von der Rue des Tanneurs am Place Victor Hugo zur Rue Porte Lucas | **Öffnungszeiten** Di–Sa 7.30–23 Uhr, So 7.30–15 Uhr, Mo geschlossen | **Tipp** Wer nach 23 Uhr eine Bar sucht, geht zehn Fußminuten über die Avenue Ernest Vallé zum Place des Martyrs de la Résistance ins »Le Red Fish« – manchmal mit Livemusik und je später der Abend, desto schummriger. Di–Do 17–24 Uhr, Fr, Sa 17–1 Uhr.

40 Das Champagnerkomitee
Ein Weinlabor im Raumschiff der Macht

Der Letternzug »Maison de la Champagne« an der Fassade des großen Backsteingebäudes an der Rue Henri Martin ist unübersehbar. Gleich darunter prangen drei Reliefs des Bildhauers Marius Giot (1897–1980): die Allegorien über Önologie, Weinberg und Handel und natürlich den Stammvater des Champagners: Dom Pierre Pérignon. Es ist das Headquarter des »Comité Interprofessionnel du Vin de Champagne« (CIVC), der Machtzentrale der Champagne als Weinregion. Wer, in welcher Stellung auch immer, beruflich für die Champagne und ihre Weine arbeitet, sollte sich wenigstens einmal in diesem Gebäude, an der Quelle allen Champagnerwissens, einen Termin geben lassen.

Das Comité Champagne präsentiert die unabhängigen Champagner-Produzenten und -Häuser und vertritt ihre Interessen, selbst gegenüber dem französischen Landwirtschafts- und Wirtschaftsministerium. Anders als eine Winzergenossenschaft, die für ihre Mitglieder vor allem Technik und Know-how bündelt, hat das 1941 gegründete Comité als halbstaatlicher Wirtschaftsverband die Aufgabe, den Champagner in allen Facetten zu fördern – sei es in der technischen, ökologischen oder wirtschaftlichen Entwicklung, sei es im Marketing oder Markenschutz.

In der Eingangshalle führt eine weiße Marmortreppe links und rechts zu den Empfangsräumen hinauf. Gleich in der ersten Etage, vorbei am großen Art-déco-Empfangssaal, geht es zum interessantesten Salon: 2001 gebaut, erinnert er an die Steuerbrücke eines Raumschiffs oder an einen Reinraum. Tatsächlich ist es eines der bestausgestatteten Verkostungslabore der Region. Wer an einer »Dégustation de vins« teilnehmen darf, hat Glück. Das Comité organisiert auch Wein-Touren, die nach Winzer, Champagnerhaus oder Genossenschaft klassifiziert sind. Sein Netzwerk ist groß, und es ist damit einer der besten Türöffner auch für die Keller, die sonst nur Auserwählten vorbehalten sind.

Adresse 5 Rue Henri Martin, 51200 Épernay | Anfahrt über D 951, Rue de Sézanne und Rue de Archers | Öffnungszeiten nach Vereinbarung, Mo – Fr 8.30 – 12 und 13.30 – 17 Uhr | Tipp Im Foyer hängt eine Gedenktafel zu Ehren der Gründer Maurice Doyard, Vertreter der Winzer, und Robert-Jean de Vogüé, Repräsentant der Häuser. Graf de Vogüé gilt in der Champagne als Held des Widerstands. 1943 war er von der Gestapo verhaftet und zum Tode verurteilt worden, konnte aber im Mai 1945 befreit werden.

41 Das Château Comtesse Lafond

Wenn der Schlosshund kein Mal bellt

Dass einen am Ende der Avenue de Épernay hinter der langweiligen eierschalenweißen Mauer ein kleines hübsches Château mit zwei Schiefertürmchen und Gauben wie aus dem Spielzeugland empfängt, ist kaum zu erwarten. Und spätestens hinter dem hohen Gitter der Toreinfahrt mit weißem Kies zeigt der freundliche Empfang des schwanzwedelnden Schlosshundes, dass hier jeder willkommen ist. Gleich rechts vom Eingang liegt das alte Lagerhaus, in dem heute eine Werkstatt für Restauration untergebracht ist. Der Garten, hinter dem die Eisenbahnstrecke verläuft, besteht aus nichts als Wiesen und Bäumen. Gerade die Schlichtheit macht das Château so sympathisch.

1873 kaufte Eugène Mercier, Gründer der gleichnamigen Champagnermarke, das 1866 als Château de Pékin erbaute Kalksteinhaus von François Abelé de Muller. Abelé ist die drittälteste noch existierende Champagnerfamilie. Sie erfand 1884 die Gefriertechnik fürs Degorgieren, die für die Herstellung des Champagners bahnbrechend war. Ende des 20. Jahrhunderts verkauften die Merciers das Château an eine renommierte Winzerfamilie: Baron Patrick de Ladoucette. Seit Anfang des 18. Jahrhunderts investiert seine Familie vor allem in die Herstellung von Weinen im Burgund und im Loire-Tal. Im Jahr 2000 ließ der Baron das Haus renovieren und nannte es nach seiner Ahnin: Château Comtesse Lafond. Ihr Porträt mit nackten Schultern im himmelblauen Kleid, gemalt von Franz Xaver Winterhalter (1805–1873), hängt im Salon des Schlosses. Der Deutsche galt als der »Adelsmaler von Europa«, der selbst Queen Victoria und Österreichs Kaiserin Sissi in Öl verewigte.

Das Château ist nur auf Anfrage zu besichtigen – und für Empfänge zu mieten. Tagsüber kann man sich aber jederzeit auf der kleinen Terrasse, mitten auf der Wiese des Gartens, niederlassen, den Anblick genießen – und den Schlosshund kraulen.

Adresse 79 Avenue de Champagne, 51200 Épernay | **Anfahrt** stadtauswärts links auf der Avenue de Champagne | Führung: auf Anfrage | **Tipp** Auch die Cuvée ist nach der Gräfin benannt: Links vom Eingang befindet sich die Boutique, in der man den »Champagne Comtesse Lafond« kaufen kann, täglich 10–12 und 14–17.30 Uhr.

42 Gosset

Karaffierter Champagner und furzende Engel

Als Jean-Pierre Cointreau 2007 die Führung des 1584 gegründeten und damit ältesten Weinhauses der Champagne übernahm, wurde alles anders. Denn ziemlich bald gelang ihm ein entscheidender Coup: 2009 erwarb er in Épernay ein altes Herrenhaus, umgeben von einem zwei Hektar großen und denkmalgeschützten Park, untertunnelt von einem riesigen Keller mit Platz für 2,6 Millionen Flaschen. Das neue Stammhaus des ursprünglich in Aÿ ansässigen Weinguts war gefunden.

Täglich rücken nun die Lieferwagen vor der Rampe im großen Innenhof an. Eine Million Flaschen verlassen jährlich das Haus. Hinter dem Hof geht es zur Zentrale, dem kleinen Herrenhaus, vor dem in einem alten Steinbrunnen Wasser aus einem dünnen Speier munter in das klare Becken plätschert. Wer eine Verkostung, einen Besuch der Weinkeller oder beides gebucht hat, wartet in den stylishen Räumen an der Rezeption. Mit etwas Glück erhält man von Gosset-Kellerchef Odilon de Varine höchstpersönlich eine Einführung in die Weine. Ob Grande Réserve, Grand Millésime oder die Elitecuvée Celebris – für Odilon ist die Reife der wichtigste Faktor für die Identität des Weines. Einige seiner Champagner, wie eine »Celebris 1995«, ruhen zehn Jahre auf der Hefe und nach dem Degorgieren weitere zwölf im Keller.

Was der Chef de Caves empfiehlt: Manche Gosset-Champagner sollte man vorsichtig in eine Karaffe füllen und von dort ins Glas gießen. Zwar geht ein wenig Perlage verloren, aber der Wein gewinnt an Komplexität. Vorher muss jedoch das Öffnen der Flasche gelernt sein. Odilon erklärt es so: die Kapsel mit Ruhe entfernen und nicht aufreißen; das Drahtgeflecht aufknüpfen, aber auf dem Korken lassen, diesen festhalten und die Flasche drehen – und nicht umgekehrt. Beginnt der Korken zu gleiten, hält man ihn zurück. Denn er darf nicht knallen, sondern muss die Flasche mit leichtem Seufzen verlassen – mit dem sogenannten Engelsfurz.

Adresse 12 Rue Godart Roger, 51200 Épernay | **Anfahrt** über Avenue d'Ettlingen und Rue de la Source | **Öffnungszeiten** Mo–Fr 8.30–12 und 14–17 Uhr | **Tipp** Am alten Gosset-Standort in der Rue Jules Blondeau 69 in Aÿ ist nur noch eine verblichene Aufschrift an der Hauswand zu sehen. Gegenüber in der Destillerie Jean Goyard gibt es Brandys, Ratafia, Fine de la Marne und wunderbaren Marc de Champagne; Mo–Fr 8.30–17.30 Uhr.

43 Die Halle Saint-Thibault
Wenn die Stadt ihre Bürger zum Aperitif bittet

Wer den Lebensmittelmarkt von Saint-Thibault in Épernay in seiner lebendigsten Form kennenlernen möchte, muss ihn am Samstagmorgen besuchen. Mehr als 60 Händler aus der Region kommen dann in und rund um die Halle Saint-Thibault mitten in der Stadt zusammen, manche schon seit 30 Jahren. Sie verkaufen von Eiern, Obst, Gemüse über Geflügel, Rind und Hase bis zu Hummer, Langusten, Muscheln und Schnecken sowie Käse, Wein und Champagner alles, was in Frankreich typischerweise auf den Tisch kommt. Livemusik spielt, die Kunden begutachten die Waren, probieren, fachsimpeln mit den Händlern, treffen Freunde, trinken ein Gläschen und plaudern. Kurzum: Die Stimmung ist ausgelassen. Die Markthalle ist für die Einwohner nicht nur der Quell frischer Ware, sondern auch das kulinarisch-soziale Herz von Épernay.

1922 ließ die Stadt »La Halle« erbauen und benannte sie nach dem heiligen Thibaut (1033–1066), der zur einflussreichen Familie der Grafen der Champagne gehörte. Mehrmals wurde sie renoviert. Heute erinnert sie mit ihrem Ziegelfundament und der Eisen- und Glaskonstruktion immer noch an den Stil von Victor Baltard (1805–1874), Schöpfer der Pariser Markthallen.

Auch am Mittwochmorgen ist in Saint-Thibault Markttag. Dann kommen jedoch oft nicht mehr als zwölf Händler. Jeden dritten Sonntag im Monat findet ein Flohmarkt statt. Und manchmal treffen sich hier auch die besten Köche der Champagne und verwandeln die Halle in eine Gourmetküche. Das Publikum nimmt an der Zubereitung der Gerichte teil, kostet von den Kreationen und trägt die Rezepte nach Hause.

Richtig gesellig wird es jeden letzten Freitag im Monat. Dann lädt die Stadt zu »Les apéros de la Halle« gleich vor der Markthalle am Place René Cassin ein: Von 18 bis 20 Uhr treffen sich dann Einwohner fast jeden Alters zu einem Glas Champagner. Und dazu gibt's ein leckeres Stück Kuchen.

Adresse Place René Cassin, 51200 Épernay | **Anfahrt** über D 951 und Rue de Sézanne | **Öffnungszeiten** Mi, Sa 7–14 Uhr | **Tipp** Direkt am Haupteingang, an der Ecke zur Rue Gallice, steht eine Art Miniaturschloss: eine Stadtvilla, die um 1900 von Henri Clouet im Jugendstil mit neugotischen Elementen entworfen wurde. Es heißt, ein schwer verliebter junger Notar habe sie für seine Angebetete bauen lassen. Was aus der Liebe wurde, ist nicht bekannt.

44 La Cloche à Fromage
Köstliche Champagne-Asche in der Käseglocke

»Es ist schwer, ein Volk zu regieren, das 246 Sorten Käse hat«, soll Charles de Gaulle gesagt haben. Doch ob weich, hart, dick, dünn, alt, jung, geschmeidig oder feurig – das den Franzosen eigene Temperament wirkt sich auf die Käseproduktion »formidable« aus. Die »Cloche à Fromage« auf der Rue Saint-Thibault, die schon vor der Französischen Revolution Épernays wichtigste Straße für Handwerk und Einzelhandel war, ist das Käse-Eldorado der Stadt. Je nach Jahreszeit hält Annie Rougier Henon, die Chefin der Boutique, rund 170 Käsesorten in ihrer »Käseglocke« bereit, viele aus dem europäischen Ausland, die meisten aus Frankreich.

»La Cloche à Fromage« ist ein Zusammenschluss mehrerer Delikatessengeschäfte, die beispielsweise auch in Mülhausen, Montpellier oder Obernai eine Filiale haben. Neben Produkten aus der Region, wie Chutney, Feigen- und Apfelconfit, Essig, Gewürzen, Marmelade, Öl, Pralinen, Senf und Wein, steht natürlich der französische Käse im Mittelpunkt. Die meisten reifen in den eigenen Kellern – auch bei Madame Henon. Ihre Auswahl variiert je nach Jahreszeit. Ob Abbaye de Cîteaux, Bleu de Gex und Brie de Meaux, ob Cabécou d'Autan, Catal de chèvre und Morbier, ob Saveur du Maquis Corse, Tomme à l'ancienne und Truffe Cendrée – hier bekommt man sie alle. Begehrt ist bei Stammkunden vor allem der »ikonische« Fondue-Käse aus dem Restaurant »La Cloche à Fromage« in Straßburg.

Wer hierherkommt, sollte aber mindestens einen Käse aus der Champagne probieren: den Chaource mit seinem cremigen Rand; den Langres mit seiner Aushöhlung, die man »Brunnen« nennt; den Coulommiers, den weichen Kuhmilchkäse, der als »kleiner Bruder« des Bries bezeichnet wird. Oder den Cendré de Champagne: Die Rinde dieses runden Weichkäses besteht aus weißem Edelpilz und wird mit Buchenasche verfeinert. Daher sein Name: der in der Champagne Geaschte. Oder plakativer »Champagne-Asche«.

Adresse 19 Rue Saint-Thibault, 51200 Épernay | **Anfahrt** das Auto im »Parking Reims« in der Rue de Reims abstellen und von dort zu Fuß | **Öffnungszeiten** Mo 15–19 Uhr, Di 8.30–13 und 14.30–19 Uhr, Mi, Do 8–13 und 14.30–19 Uhr, Fr 8–19 Uhr, Sa 7.30–19 Uhr | **Tipp** Gegenüber liegt der 1988 angelegte Place des Arcades, besser bekannt als »Place Bernard-Stasi«. Unter den Linden, versteckt zwischen Azaleen und Rhododendren, stehen ein paar Stühle, auf denen man die frisch gekauften Käsehappen gemütlich verzehren kann.

ÉPERNAY

45 La Table Kobus
Essen wie einst bei Großmutter Catherine

Angesichts des schlichten einstöckigen Backsteinhauses auf der Rue Dr Rousseau gegenüber der großen Église Notre-Dame ist zunächst nicht zu vermuten, dass sich dahinter ein stilvolles Restaurant im Brasserie-Stil von 1900 verbirgt. Doch dann deuten die Ornamente im Glas der Eingangstür und der Fenster zur Straße ziemlich bald darauf hin, dass das »Table Kobus« die Jahrhundertwende wiederbeleben möchte. Vorbei an der holzgetäfelten Champagner-Theke, eröffnet sich ein übersichtlicher Raum samt Seitenzimmer, an dessen Wänden alte Familienfotos und Dekorationen aus der Belle Époque hängen. Die Decken sind dezent mit Stuck verziert, an den kleinen Tischen mit weißen Marmorplatten stehen Kirschholzstühle.

Seit 1996 betreibt Serge Herscher sein Restaurant mit typisch französischer Küche und regionalen Produkten. Weil seine Großmutter Catherine Kobus so gern kochte, benannte er die Brasserie nach ihr. Ob Garnelen, Safran-Kartoffel-Ravioli, blauer Hummer, Doraden-Tartar, Linsen mit Koriander-Langustine, Entenbrust, Rüben-Carpaccio oder Granny-Smith-Zitronen-Sorbet – der Guide Michelin preist die ebenso traditionellen wie »modernen Gerichte« von Chefkoch Guillaume Bachellez und lobt, dass sie »im Einklang mit den wechselnden Jahreszeiten stehen«. Als Bewertung erhält das Kobus von den Restaurantkritikern drei von fünf möglichen Punkten – vor allem für seine französische Atmosphäre. Auch deswegen kommen Einheimische gern ins Kobus – mit Familie, Freunden und Geschäftsleuten.

Und weil es so familiär und freundlich ist, gibt es auch eine besondere Regel: Trotz der großen Auswahl an guten und bezahlbaren Weinen dürfen Gäste unter der Woche ihren Lieblingschampagner von daheim mitbringen und hier trinken. Das ist selbst am Freitagabend und Samstag, für die man unbedingt vorher reservieren sollte, möglich. Dann allerdings gegen ein Korkgeld von zwölf Euro.

Adresse 3 Rue Dr Rousseau, 51200 Épernay | **Anfahrt** von der D 3 in die Rue Dr Verron | **Öffnungszeiten** Di–Sa 12–13.30 und 19–20.30 Uhr, So, Mo geschlossen | **Tipp** Wer einen Ausflug in die Weinberge plant, kann sich hier kulinarisch eindecken. Zu empfehlen sind die Käse- und Wurstspezialitäten, die Foie-gras-Terrine oder Brie de Meaux gefüllt mit Trüffel-Tapenade. Und als Nachtisch ein paar bunte Macarons mit Vanille- oder Pistazienmousse.

ÉPERNAY

46 Das Salvatori

In den großen Fußstapfen einer legendären Madame

Madame Salvatori war in der Stadt genauso eine Institution wie ihr Geschäft. Kunden aus der ganzen Welt kamen in ihre Weinhandlung an der Rue Flodoard, nur wenige Schritte vom Place de la République entfernt, um von Jacqueline Salvatori über die neuesten Trends der Champagnerhäuser zu hören und sich Weine empfehlen zu lassen. Im Verlauf von fast 70 Jahren hat sie es geschafft, aus einem einfachen Laden einen Kult-Ort für Champagnerliebhaber zu machen, der nicht durch Chichi und Mondpreise, sondern durch Kompetenz überzeugte. Sie konnte so gut wie jeden Jahrgang besorgen, selbst wenn das jeweilige Champagnerhaus ihn gar nicht mehr lieferte. Als sie im Februar 2016 mit 88 Jahren starb, trauerten nicht nur die Einwohner von Épernay, sondern auch Kunden von Amerika über China bis Australien. Noch immer schwärmen sie von der »Frau im weißen Kittel«. Doch auch wenn Madame nun tot ist – das Salvatori lebt weiter.

Das Geschäft ist noch stets eine Art Tante-Emma-Laden, auch unter den neuen Besitzern geht es unprätentiös zu. Jeder Gast wird mit der gleichen Empathie und Höflichkeit empfangen. Es gibt Champagner, über 400 Sorten zu allen Preisen, renommierte Marken und Flaschen von kleinen Erzeugern. Das Salvatori ist nach wie vor die Anlaufstelle, um eine Geschmacksreise in die Welt des Champagners zu unternehmen.

Nur der einzigartige Charme von Madame Salvatori ist nicht so leicht zu ersetzen. 1952 hatte sie das Geschäft, eigentlich zunächst ein Obst- und Gemüsehandel, mit ihrem Mann Jean-Pierre gegründet. Ihr Fachwissen über den Wein wuchs im Laufe der Jahre. Es war vor allem ihre Leidenschaft, die sie zu einer Koryphäe werden ließ. Sie machte nie Urlaub und dachte nicht daran, in den Ruhestand zu gehen. Bleibt zu wünschen, dass den neuen Besitzern eine ähnlich leidenschaftliche Karriere beschieden sei. Aber vielleicht mit ein paar mehr Ferientagen.

Adresse 11 Rue Flodoard, 51200 Épernay | **Anfahrt** am Place Pierre Mendès France in die Rue Dr Verron und Rue des Minimes | **Öffnungszeiten** Di–Fr 9.30–12 und 14–19 Uhr, Sa 9.30–19 Uhr, So, Mo geschlossen | **Tipp** In dem gut geordneten Durcheinander sind neben den »Specialités champenoises« auch französische Rot- und Weißweine oder Foie gras zu finden, zudem Whiskys wie »Glen Scotia Double Cask« und »Old Ballantruan«, Rums wie »Gold of Mauritius« und »Compagnie des Indes Caraibes« oder Gin wie »The Botanist«. Cheers!

47 Der Tour de Castellane
Das Etiketten-Archiv der 7.000 Schubladen

Es ist weit übertrieben, zu sagen, der »Tour de Castellane« sei der Eiffelturm von Épernay. Doch so wie der Pariser Eisenfachwerkturm die Hauptstadt an der Seine überragt, hat auch der Stahlbetonturm für die Stadt an der Marne eine weitreichende Bedeutung: Zwischen 1903 und 1905 wurde er von der Union Champenoise als Werbeemblem gebaut und ist bis heute das Wahrzeichen für Champagnerproduktion in Épernay.

Fernand Mérand, Leiter der »Union Champenoise«, kaufte in den 1930er Jahren die Maison de Castellane. Die Marke, 1895 von Vicomte Florens de Castellane gegründet, blieb erhalten. Heute ist sie Teil der Laurent-Perrier-Gruppe. Wer nur den Weinkeller sehen möchte, zahlt für eine einstündige Tour 14 Euro und erhält nach dem Marsch durch die sechs Kilometer langen Gänge und Gewölbe, gefüllt mit Flaschen und modernen Stahltanks, ein Glas »Croix Rouge Saint André« zur Stärkung. Wer den 66 Meter hohen Turm hinaufmöchte, bucht eine eineinhalbstündige Führung für vier Personen. Im Preis inbegriffen ist dann der Besuch des Museums des Hauses und des eindrucksvollen »Salle des Étiquettes«: In 7.000 kleinen Holzschubladen werden 10.000 Flaschenhalsbänder und Etiketten vom 19. Jahrhundert bis heute archiviert.

Dann gilt es, den Turm mit seinen rund 240 Stufen zu erklimmen. Das wuchtige Belle-Époque-Interieur ist Geschmackssache, aber in jedem Fall originell. Oben angekommen, fällt gleich auf, dass unten direkt neben der repräsentativen Avenue de Champagne die weniger attraktive Eisenbahnstrecke verläuft. Der Blick auf die Montagne de Reims jedenfalls ist bei schönem Wetter einmalig. Und wem die 29 Euro pro Nase für die Turmführung erst zu teuer vorkamen, kann sich jetzt freuen. Denn unten angekommen, hat man mindestens die Hälfte des Preises wieder raus. Denn dann wartet zum Abschied die Verkostung von gleich zwei Cuvées Champagne de Castellane.

Adresse 57 Rue de Verdun, 51200 Épernay | **Anfahrt** über Avenue de Champagne | **Öffnungszeiten** nach Vereinbarung, Mi–So 10–12 und 14–18 Uhr, Mo, Di geschlossen | **Tipp** An der Allée de Cumière, vom »Tour de Castellane« zwei Kilometer über den Quai de Marne, kann man bei »Blue Nautic« ein kleines Elektroboot für fünf bis sieben Personen bis zu drei Stunden mieten und die Marne rauf- und runterfahren.

48 Die Villa Eugène
American Breakfast im Baldachin-Zimmer

Für manche ist die Villa das ideale Basislager, um für ein paar Tage die großen Champagnerhäuser an der Avenue de Champagne zu besuchen. Für verwöhnte Gemüter ist sie möglicherweise zu kitschig. In jedem Fall zählt die rot-weiße Backsteinvilla Eugène aus dem 19. Jahrhundert mit ihrem bewaldeten kleinen Park und dem Außenpool mit Terrasse zu den extravaganten Hotels gehobener Klasse in Épernay. Vor allem wegen der Historie. Benannt nach dem großen und einfallsreichen Champagnermogul und -gründer Eugène Mercier (1838–1904), war das Hotel einst das Wohnhaus der Familie Mercier, die ihren Stammsitz noch heute neben der Villa hat.

Jeder ist willkommen. Die freundliche Dame an der Rezeption steht nicht hinter einer Theke wie der Wirt hinterm Tresen, sondern sitzt an einem kleinen Schreibtisch und springt gleich auf, wenn Gäste anreisen. Die 15 Zimmer (ab 190 Euro) sind im Louis-XVI-Stil eingerichtet, manche Suiten mit Himmelbett im Schlafzimmer und frei stehender gusseiserner Wanne mit Klauenfüßen im Bad. Wer schlafempfindlich ist, sollte wegen der doch gut befahrenen Avenue de Champagne die Zimmer nach hinten buchen. Ansonsten lohnt auch ein Besuch ohne Übernachtung, aber mit reichhaltigem American Breakfast im Baldachin-Zimmer, an dessen Decke die Engelein schweben.

Eine Etage tiefer, in der Champagnerbar, gefüllt mit schweren braunen Ledersesseln, ist die Villa auf den Hund gekommen: Zahllose gemalte Porträts französischer Bulldoggen in Anzug und Krawatte, in Robe mit rotem Kragen und gekrönt mit Krone und Krönchen hängen in kleinen und großen Formaten an den Wänden rechts und links vom Kamin. Dass die französische Bulldogge, diese Mischung aus Mops und Terrier, hier gefeiert wird, ist kein Wunder: Genau in der Zeit, als die Villa gebaut wurde, erlebte sie einen Hype. Und ihre spielerischen Porträts erinnern an ihren ursprünglichen Namen: Toy-Bulldog.

Adresse 82–84 Avenue de Champagne, 51200 Épernay | **Anfahrt** stadtauswärts auf der Avenue de Champagne, rechte Seite | **Öffnungszeiten** ganzjährig geöffnet | **Tipp** Für Unterhaltung ist im 1,4 Kilometer entfernten »Le Salmanazar – Théâtre Gabrielle Dorziat« am Place Mendès France gesorgt. Das 1898 erbaute pompöse Haus mit Einschusslöchern aus dem Zweiten Weltkrieg bietet Di–Fr buntes Programm, von Theater bis Zirkus, von klassischer Musik bis African Jazz.

49 Der Parcours Renoir
Gemälde, Unterwäsche und ein hängender Rollstuhl

Pierre-Auguste Renoir (1841–1919) liebte das weiche bläuliche Licht im Süden der Champagne, in der Aube-Region. Es entsprach der Gelassenheit, die er in Essoyes suchte, wo er seit dem Kauf eines Hauses 1895 jährlich mehrere Monate mit seiner Familie verbrachte. Aus dem Dorf an der Ource, das Renoir so sehr inspirierte, stammte auch seine Frau Aline Charigot. Mehrere Rundwege auf den Spuren des Künstlers von 1.200 Metern Länge führen durch Essoyes. Am Place de la Mairie, wo die Tickets für Besichtigungen erhältlich sind, geht der zweistündige »Parcours Renoir« los. Der Weg verläuft über die Ource zum Dorfkern, zur Kirche, vorbei an den etwas schmucklosen Häusern, die wie ausgestorben wirken, entlang an überdimensionalen Bildmotiven des Malers bis zu Renoirs Garten, dem Atelier, Wohnhaus und schließlich den »Tombes des Renoir« – seinem Grab, dem seiner Frau und seiner drei Söhne.

»Du Coté des Renoir« nennen die Bewohner ihr Dorf, das sie zu einem Gesamtkunstwerk erklärt haben. Zu sehen ist von den 700 Einheimischen allerdings nicht viel. Die wenigen Menschen, die durch die Gassen streichen, sind Touristen. Sie sind vor allem von den privaten Räumen des großen Impressionisten angetan: Während im Atelier neben dem an der Decke hängenden Rollstuhl des rheumakranken Malers nur ein paar Zitate in großen Lettern steril an den Wänden hängen, wirkt das Wohnhaus, das noch heute in Familienbesitz ist, wie bewohnt. Im Schlafzimmer steht ein Glas Wasser am Nachttisch, über dem Bettpfosten hängt Wäsche. Auf der Palette an der Staffelei im Wohnzimmer schimmern frisch die Farben. Auf dem Notenhalter des Klaviers steht aufgeschlagen eine Partitur von Franz Liszt mit Goethes Versen in deutscher Sprache: »Wer nie sein Brot mit Tränen aß.« Gleich, so scheint es, wird Renoir das Haus betreten. Und wer weiß, was er als Erstes macht – Klavier spielen, malen oder schlafen?

Adresse 9 Place de la Mairie, 10360 Essoyes | **Anfahrt** über die D 67 | **Öffnungszeiten** März, April, Okt., Nov. Mi–So 10–12.30 und 13.30–17 Uhr, Mo, Di geschlossen; Mai, Juni 10–12.30 und 13.30–18 Uhr, Di geschlossen; Juli–Sept. täglich 10–12.30 und 13.30–18 Uhr | **Tipp** Wer übernachten will, sollte eine der zwei Blockhütten der Winzer-Farm »Le Val des Vignes« mitten im Grünen auf dem Gelände der »Bergerie« wählen, zwei Kilometer östlich über D 67/Rue Gambetta ins Val Roulot La Bergerie. Schwimmbad und Holzofensauna ganzjährig.

50 La Cave aux Coquillages
Vom nie versiegenden Glück des Suchens und Bohrens

Patrice Legrand sucht seit Jahren unermüdlich sein Glück. Er gräbt regelrecht danach, er buddelt und bohrt sogar mit dem Presslufthammer. Es lohnt sich. Denn Patrice findet sein Glück jeden Tag aufs Neue, tief in der Erde. Der kalksteinsandige Boden hinter seinem Weingut beherbergt einen 45 Millionen Jahre alten Meeresgrund, unendlich reich an Fossilien. In diesen Boden hat Patrice seit 1997 ein faszinierendes Höhlensystem geschlagen und mittlerweile nicht nur ein Paradies für Geologen und Paläontologen geschaffen, sondern auch ein Entdeckerabenteuer für alle, die mehr über Fossilien wissen wollen.

Mit den glatten, weichen Wänden, den Schutznetzen, den freiliegenden Fossilien und dem raffinierten Licht wirkt Patrice' Unterwelt an vielen Stellen wie ein designtes Naturlabyrinth. Über 300 Muschelarten hat er in dieser vielfältigen Mikrofauna gefunden. Mit Leichtigkeit klopft und bohrt er sich durch den weichen Stein, ohne auch nur eine der zahlreichen Fossilien zu beschädigen. Ohne Orientierungshilfe fände man nur schwer wieder heraus. Deswegen bieten er und seine Frau Anne Führungen an (mit Schutzfolien für die Schuhe gegen den Dreck), die am Ende in einer Werkstatt enden, in der jeder Besucher selbst Hand an die Gesteinsbrocken legen darf. Auch Stunden- und Tagesseminare zu buchen ist möglich. Patrice' ganzer Stolz ist ein gewaltiger »Meeresbodenblock«, gespickt mit Fossilien, der in die Sammlung des Champagne-Museums im Château Perrier in Épernay aufgenommen wurde.

Auch seinen Sohn Thibault hat er mit seinem Fossilienfieber angesteckt – und zwar für geoönologische Forschungen. Thibault ist seit 2017 für den Weinbau der Familie, den er in vierter Generation betreibt, zuständig. Er setzt auf Biodynamik. Fossilien sind in den Champagner-Flaschen »Legrand-Latour« nicht zu finden. Dafür sind sie, wen wundert's, reich an Mineralität.

Adresse 41 Rue du Bourg de Vesle, 51480 Fleury-la-Rivière | **Anfahrt** über D 22 | **Öffnungszeiten** ganzjährig offen, Führungen nach Voranmeldung, Tel. +33/326583643 | **Tipp** Wer länger bleiben will, kann gleich nebenan im Hotel, das zum Weingut gehört, in schönen Zimmern übernachten. Auch die Verkostungen mit diversen Legrand-Latours im gemütlichen Salon im Haupthaus sind einen längeren Aufenthalt wert. Flaschen ab 20 Euro.

FOUCHÈRES (ARRONDISSEMENT TROYES)

51 Das Château de Vaux
Jagen, spielen, feiern, lieben und schlafen

Einst gehörte das Schloss dem berüchtigten Pariser Polizeichef Émile de Maupas. Im 18. Jahrhundert war er unter Napoleon III. als »Karl der Große von Maupas« vor allem für seine Härte und Skrupellosigkeit bekannt. Seine Erben behielten das ländliche Anwesen bis 1969, als es an den Pariser Verein für behinderte Kinder verkauft wurde. 2015 übernahm schließlich der erst 22-jährige Unternehmer Edouard Guyot das heruntergekommene Château und steckte sein ganzes Herzblut in die Restaurierung. Heute ist das von alten Eichen umringte Landschloss mit seinen Ferienwohnungen, den Gîtes, im anliegenden Bauernhaus eines der gastfreundlichsten der Region: für Erwachsene und Kinder, für Naturliebhaber und Wanderer, für Verliebte und Frischvermählte. Und auch für Jäger. An Jagdtagen kommen bis zu 30 »Chasseurs« auf dem Anwesen zusammen.

300 Hektar Wald umgeben das Château, in denen sich Rehe, Hirsche und zahllose Wildschweine tummeln. Etwa zwei Kilometer sind es von der Landstraße, bis man durch den Wald das Gittertor zum Schloss erreicht hat. Im bäuerlichen Gutshof des Châteaus ist Platz für bis zu 90 Übernachtungsgäste. In der Orangerie mit Terrakottafliesen und Glasfront können bis zu 100, in der alten Scheune bis zu 240 Personen feiern. Regelmäßig finden auf dem zentralen Rasen Open-Air-Feiern statt, wie das Sommerfestival »Chasse & Champagne« mit Bogenschießen, Jagdhornblasen, Ponyreiten, Kutschfahrten, Heißluftballon und Austernbar.

Für Edouard Guyot, der aus einer erfahrenen Familie von Restaurateuren stammt, ist das Schloss eine ständige Herausforderung. Denn vieles ist nicht perfekt, und es fehlt immer noch Geld, um alles herzurichten. So sind manche Räume seit 80 Jahren unberührt und verschlossen. Doch alle, die kommen, unterstützen Edouards Lebenstraum. Mit jedem verkauften Eintrittsticket ist mindestens ein neuer Dachziegel drin.

Adresse Route de Vougrey, 10260 Fouchères | **Anfahrt** von der D 671 zwischen Fouchères und Virey auf die D 81, dann vier Kilometer | **Öffnungszeiten** ganzjährig geöffnet | **Tipp** Im Sommer legt der Schlossherr für Hobby-Detektive eine Rätselroute in Manier des französischen Meistergauners Eugène François Vidocq durch sein Haus; Juni und Sept. Sa, So, Juli, Aug. täglich, Okt. Mi, So.

52 — Der Circuit de Reims-Gueux

Frankreichs legendäre Formel-1-Strecke

Sieben Kilometer westlich von Reims, an einer von Feldern und Wiesen umgebenen Landstraße, erheben sich am Horizont plötzlich die architektonischen Zeugen einer längst verschollenen Rennfahrerzeit – die Aufbauten der ehemaligen Formel-1-Strecke von Gueux. Von 1926 bis 1966 war der rund acht Kilometer lange Dreieckskurs zwischen der D 27, D 26 und der Route nationale 31 einer der wichtigsten in Frankreich. Zahllose Formel-1-, Formel-2- und Grand-Prix-Rennen für Sportwagen und Motorrad fanden damals hier statt. In den 1920er Jahren ging es sogar direkt durch den kleinen Ort Gueux an der Metzgerei und dem Lebensmittelladen vorbei. Mit der Motorleistung der Fahrzeuge wuchs auch das Risiko: Nicht selten passierten in den gefährlichen Haarnadelkurven schwere Unfälle, manche waren tödlich. 1956 verunglückte Annie Bousquet, damals Frankreichs bekannteste Rennfahrerin, in Gueux und starb.

Start und Ziel befanden sich typischerweise zwischen der Tribüne, dem Kontrollturm mit den alten Werbeschriftzügen und der Boxengasse, die alle noch existieren. Immer noch flimmert an heißen Tagen die Luft über dem Asphalt. Der Kurs ist heute geschlossen, und Verfall macht sich breit. Doch die »Amis du Circuit de Gueux« bemühen sich, das historische Ensemble zu erhalten. Viel wurde von den »Freunden« restauriert, und zuweilen finden Oldtimer-Show-Rennen statt. Und auch die Formel-1-Fans kommen. Manche parken direkt neben den Boxen. Andere geben kurz vor der langen Tribüne Vollgas und lassen sich vor der Geisterkulisse von Familie und Freunden fotografieren.

So schnell wie Juan Manuel Fangio sind sie aber alle nicht. Dem Rennfahrer-Ass gelang 1956 auf der Strecke ein besonderer Rekord. Er fuhr die Runde mit einer Durchschnittsgeschwindigkeit von 200 Kilometern pro Stunde. Das war zuvor niemandem gelungen. Fangio erhielt für diese Leistung 50 Flaschen Champagner.

Adresse Circuit de Reims-Gueux, D 27, 51390 Gueux | **Anfahrt** N 31 Reims – Rouen, Abfahrt Gueux auf die D 27 | **Tipp** Hinter der Boxenanlage liegt eine Wiese, auf der sich nicht nur schön sonnen lässt: Wer Wimpel, Anhänger, Bücher oder Plakate mit Motiven aus der alten Rennfahrerzeit kaufen will, sollte die kleine Boutique dort besuchen, Fr 9.30 – 16 Uhr.

GYÉ-SUR-SEINE (CÔTE DES BAR)

53_ Le Garde Champêtre
Drei Köche, ein Gemüsefeld und ein altes Zugdepot

Wo einst Züge rangierten, schieben sich heute Speisen über die Tische. Gleißend fällt das Sonnenlicht durch die großen Fenster in das ehemalige kleine Eisenbahndepot. Durch das Holzgebälk des Dachstuhls hängen an langen, dünnen Kabeln die Lampen über den Tischen des heutigen Speisesaals. Hinter der offenen Küche mit Kamin werkeln die Köche. Auf die Gäste in dem hohen Saal warten nicht mehr die Züge, sondern kulinarische Köstlichkeiten.

Im September 2018 wurde »Le Garde Champêtre« zwischen der Schnellstraße La Gueule de Vaux und der alten Route des Riceys eröffnet. Der Weinhändler und Gastronom Juan Sanchez, der bereits in Paris die Restaurants Semilla, Freddy's und Fish führt, war auf die Idee gekommen, mit einem halben Dutzend regionaler Champagnerproduzenten einen Ort zu kreieren, der Besucher verstärkt in die Aube-Region lockt. Die Aube gilt in der Champagne als nicht so traditionell wie die Weinberge an der Marne. Doch bringt sie immer mehr dynamische Weinproduzenten mit sehr gutem Champagner hervor. Sanchez' lukullisches Ziel: das Ideal der französischen Küche, beste Zutaten, gesunder und intensiver Geschmack – alles zu einem bezahlbaren Preis. Mit Leidenschaft gehen die drei Köche Nathan Fallowfield, Gil Nogueira und Sayaka Sawaguchi (Foto) ans Werk. Das Gemüse wird auf dem Feld neben dem Restaurant angebaut oder von Produzenten aus der Region bezogen. Das Mittagsmenü ändert sich täglich, abends und am Wochenende gibt es eine Vielzahl an Gerichten à la carte.

Der Name des Restaurants referiert auf Monsieur Doze, den letzten »Garde Champêtre« von Gyé-sur-Seine. Sein Job als Wachposten war eine Mischung aus Feuerwehrmann, Polizist und Förster. Immer wenn im Dorf Not am Mann war, kümmerte er sich darum. Und wie der ehemalige »Garde« will auch das Restaurant das soziale Gefüge stärken: Für Kinder gibt es einen Spielplatz, für Erwachsene eine Boulebahn.

Adresse 50 Routes des Riceys, 10250 Gyé-sur-Seine | **Anfahrt** über D 671 oder D 70 | **Öffnungszeiten** mittags Di–Fr, abends Do–Sa, Reservierung Tel. +33352960006 | **Tipp** Zehn Minuten zu Fuß entfernt liegt in Gyé-sur-Seine das Flusshaus »Zen-sur-Seine«. 2020 renoviert, ist es heute ein Boutique-Hotel in einem Gebäude aus dem 18. Jahrhundert – mit Küche, Wohnzimmer, drei Schlafzimmern und drei Bädern. Der Gemüsegarten reicht direkt an die Seine. Buchungen über »Le Garde Champêtre«.

54 Saint-Sidulphe
Dom Pérignons letzte Ruhestätte

Natürlich hat Pierre Pérignon den Champagner nicht erfunden. Aber er ist mindestens Miterfinder. Denn der französische Mönch hatte nicht nur entscheidend die »Méthode champenoise«, das Verfahren der Flaschengärung, beeinflusst, sondern legte auch großen Wert auf die Weiterentwicklung der Assemblage, der Mischung verschiedener Weine. Zudem soll er die Flaschengröße von 0,7 Liter festgelegt haben: Das war angeblich die durchschnittliche Menge, die ein Mann zum Essen trank. Dass er für diese Statistik mit seinen Brüdern eine Flasche nach der anderen in von Pechfackeln erleuchteten Kellern köpfte, ist nicht überliefert. Klar jedoch ist: Ohne Dom Pérignon hätte die Champagne weder ihre Kultfigur noch diesen Pilgerort im beschaulichen Hautvillers mit seinem ehemaligen Benediktinerkloster, in dessen Kirche Saint-Sidulphe der berühmte Mönch begraben liegt.

1668, mit 30 Jahren, kam Dom Pérignon in die Weinberge von Reims und lebte bis zu seinem Tod 1715 in dem Kloster, von dem heute nur noch die Kirche aus dem 17. Jahrhundert erhalten ist. Gleich rechts vom Eingang an der Chorempore erhebt sich die alte Orgel aus Holz. Im »Salle Jeanne d'Arc« in der Seitenkapelle, der damaligen Sakristei der Abtei, sind aus dem Kloster gerettete Schreine und Möbel ausgestellt. Im Hauptschiff hängt ein riesiger Leuchter aus Halterungsringen einer Kelter von der Decke herab. Von den Wänden leuchten über Chorgestühl und Täfelung großformatige Gemälde von Meistern wie dem Barockmaler Philippe de Champaigne. Und von überall und nirgendwo rieseln aus Lautsprechern mönchische Choralgesänge.

Ganz vorne, man übersieht sie fast, liegt vor dem abgesperrten Altarbereich Dom Pérignons Grabplatte mit der lateinischen Inschrift »Requiescat in Pace«. Ginge es nach seinen Schaumweinfans, stünde dort sicher sein champagnerlaunigstes Zitat: »Brüder, kommt! Ich trinke Sterne!«

Adresse 21 Rue de l'Abbaye, 51160 Hautvillers | **Anfahrt** D 386 | **Öffnungszeiten** Mai – Sept. Mo – Fr 9 – 18.30 Uhr, Sa, So 10 – 18.30 Uhr; Okt., März, April Mo – Fr 9 – 18 Uhr, Sa, So 10 – 18 Uhr; Nov.– Feb. täglich 10 – 17 Uhr | **Tipp** Wer in Hautvillers Hunger bekommt, sollte sechs Minuten zur Rue Domaine Pérignon 36 laufen. Das Restaurant »Au 36« bietet lokale Spezialitäten wie weiße Blutwurst in Blätterteig, rote Linsen in Champagner, Makronen mit Himbeermarmelade oder Rote-Bete-Mousse. Köstlich! Im Sommer auf der Gartenterrasse.

55 Das Pariser Becken
Stausee-Freuden für Kraniche und Angler

Er ist der größte künstliche See Europas und Frankreichs größter Stausee. Und würde es ihn nicht geben, stünde Paris schon lange unter Wasser. Anfang des 20. Jahrhunderts soff die Hauptstadt durch Überschwemmungen immer wieder ab. 1974, nach acht Jahren Bauzeit, weihten die Franzosen den Lac du Der-Chantecoq in der Champagne als Rückhaltebecken ein, um die Marne und die Seine vor Überflutung zu schützen. Damit schufen sie nicht nur einen Hochwasserschutz für Paris, sondern auch ein gigantisches Reservoir von 350 Millionen Kubikmetern Wasser für Trockenperioden.

Gleichzeitig wurde der See mit seinen Badestränden ein Paradies für Angler (mit Angelschein), Segler, Surfer, Wasserski- und Motorbootfahrer. Auch Vogelliebhaber aus aller Welt legen sich auf die Lauer. Rund 200 Vogelarten warten auf die Ornithologen. Vor allem im Herbst und Frühjahr ist das Spektakel groß, wenn die Kraniche Richtung Süden fliegen und ein halbes Jahr später zurückkehren. Jährlich rasten bis zu 140.000 Kraniche an den Ufern des Sees. Rund um den »Lac« gibt es die »Observatoires«, von denen man die Vögel beobachten kann, ohne sie zu stören. Auch an Führungen, die die französische Vogelschutzorganisation »Ligue pour la Protection des Oiseaux« (LPO) anbietet, können Besucher teilnehmen. Vor allem im Oktober wird den Kranichen gehuldigt: Bei der Fête de la Grue feiern die Seebewohner ein ganzes Wochenende mit Musik und buntem Programm die Rückkehr ihrer gefiederten Lieblingsgäste.

Im Museum von Sainte-Marie-du-Lac-Nuisement lassen sich noch letzte Spuren der durch den Stausee verschwundenen Dörfer finden: Die Fachwerkkirche Nuisement-aux-Bois, das Haus des Schmieds und der Taubenschlag wurden auf dem Gelände originalgetreu wiederaufgebaut. In der Boutique gibt es neben Senf, Safransalzen, Öl und Honig auch Champagnerkorken und Kranicheier – beides aus Schokolade.

Adresse 51290 Sainte-Marie-du-Lac-Nuisement | **Anfahrt** über D 57 und D 60 | **Tipp** In der unweit des Sees gelegenen Beobachtungsstation »Ferme aux Grues« auf der Route de Drosnay 1 in Saint-Remy-en-Bouzemont-Saint-Genest-et-Isson werden von Jan.–März Kraniche gefüttert. Bis zu 6.000 Kraniche leben dann auf dem Bauernhof. Besucher sind nach vorheriger Anmeldung willkommen, Tel. +33/326725447.

56 Salon
Die S-Klasse des Weins

Wenn Champagner-Connaisseurs »Mesnil-sur-Oger« hören, bekommen sie aus zwei Gründen glühende Wangen vor Glück. Erstens: An der Rue Pasteur Nummer 23 befindet sich, verschlossen hinter Gittern, die mythische Weinberg-Parzelle »Clos de Mesnil« von Krug. Und zweitens: An der Rue de la Brèche d'Oger liegt das feine und kleine Weingut von »Salon« mit seinem Rebengarten, der ebenfalls weltweiten Ruhm genießt: »Le Jardin du Salon« (Foto). Hier wird nur ein einziger Wein produziert: die »Cuvée S«, gekeltert ausschließlich aus Chardonnay und nur als Jahrgangsprestige-Champagner mit maximal 60.000 Flaschen. Wenn also die Reben eines Jahres und die Grundweine den hohen Qualitätsansprüchen des Kellermeisters nicht genügen, wird gar kein Wein hergestellt.

Seit der Gründung 1905 kam im Schnitt nur alle drei Jahre ein »S« auf den Markt. Und weil das Reifungspotenzial so legendär ist und mehrere Jahrzehnte beträgt, werden die Flaschen verehrt wie Splitter aus dem Kreuze Jesu. Die teuren »S« sind so schnell vergriffen, dass selbst so mancher Milliardär keine Chance hat, eine zu ergattern.

Erst 1921 brachte der reiche Fellhändler Eugène-Aimé Salon, Gründer des Champagnerhauses, den ersten Jahrgang (1905) heraus. Diesen gab es – wie seine Nachfolger – bis 1957 nur im legendären Maxim's in Paris zu kaufen. Nach Eugènes Tod 1943 übernahm sein Neffe das Ruder und verkaufte Salon 1988 ausgerechnet an das Familienunternehmen Laurent-Perrier. Es war wohl eine Fügung des Schicksals: Im Dritten Reich hatten die Nazis neben vielen anderen Weinen vor allem den 1928er von Salon auf Hitlers Obersalzberg gebunkert. Als der Soldat Bernard de Nonancourt aus Reims den Weinkeller nach Kriegsende als Erster inspizierte, fand er Hunderte Flaschen des grandiosen Jahrgangs vor – und war fasziniert. Fünf Jahre später gründete er die Champagnergruppe, die 1988 Salon kaufte: Laurent-Perrier.

Adresse 5–7 Rue de la Brèche d'Oger, 51190 Le Mesnil-sur-Oger | **Anfahrt** über D 238 | **Öffnungszeiten** Mo–Do 9–11.45 und 14–16.45 Uhr, Fr 9–11.45 Uhr, nach Vereinbarung | **Tipp** Die Ernte, die Salon nicht benötigt, wird an das Weingut Delamotte verkauft. Es liegt im Dorf auf der Straßenseite gegenüber und kann besichtigt werden. Beide Häuser gehören zur Laurent-Perrier-Gruppe und arbeiten eng zusammen.

57 Elise Dechannes
Von der besonderen Freiheit, zu sein, wie man ist

Schon Sonnenkönig Ludwig der XIV. soll den »Rosé des Riceys« aus Pinot-noir-Trauben geliebt haben. Ob wahr oder falsch: Dieser Pinot noir ist auch heute noch zum Verlieben gut. Denn die Winter an der Côte des Bar sind milder und die Lagen steiler als in der nördlichen Champagne, und so wächst hier manche Rebe einfach besser. Elise Dechannes (Foto) keltert seit 2008 ihren eigenen Pinot noir. Und das sehr erfolgreich – obwohl ihr Leben schon in eine ganz andere Richtung gelaufen war: in die Welt der Banken.

Ihre Großeltern Hubert und Germaine hatten in den 1950er Jahren begonnen, Weinreben zu verkaufen. Roland und Chantal, Elises Eltern, wollten mehr, pflanzten eigene Reben und brachten 1973 ihren ersten Champagner heraus: eine kleine Produktion von 1.800 Flaschen. Elise absolvierte die École Supérieure de Commerce in Reims und begann eine erfolgreiche Karriere im Bankensektor. Nach zehn Jahren die Wende: Sie schmiss den Job und wollte wieder stärker mit der Natur und sich selbst im Einklang sein.

Heute stellt sie mit großer Leidenschaft feine Champagner auf fünf Hektar Pinot-noir-Terroir her, streng biologisch. Sie will den Boden nicht »schlachten«, sagt sie. Als Winzerin dürfe man kein schlechtes Gewissen haben. Das scheint sie so zu inspirieren, dass sie die Energie hat, als »Ein-Frau-Betrieb« über 25.000 Flaschen pro Jahr zu produzieren.

In ihrem »Salon gastronomique« bietet sie an dem langen Natursteintresen ihre Weine zur Verkostung an: die Cuvées »Essentielle«, »Affinité«, »Cœur de Noirs« oder auch eine »Cuvée Chardonnay«. Wegen ihrer radikalen Ablehnung konventioneller Anbaumethoden gilt sie manchem Winzer als nicht unbedingt bequem. Aber das stört sie nicht, denn nur so, sagt sie, kann sie frei sein. Nicht umsonst zitiert sie den französischen Philosophen und Literaturnobelpreisträger Henri Bergson (1859–1941): »Frei zu sein bedeutet, eine Arbeit zu vollenden, die uns ähnelt.«

Adresse 1 Place de Héros de la Résistance, 10340 Les Riceys | Anfahrt über D 17A | Öffnungszeiten Mo–Fr 9–12 und 14–18 Uhr, Sa 10–12 und 14–17 Uhr, nach Vereinbarung | Tipp Zwei Kilometer weiter, in der Rue de l'Île in Les Riceys, liegt das Château de Taisne samt schönem Park, in dem man spazieren kann. Auch die Keller aus dem 12. Jahrhundert und die »Grande Cuisine« sind zu besichtigen: 6. Juli–27. Aug. täglich; 1. April–5. Juli, 17. Sept.–30. Okt. Sa, So, nach Vereinbarung.

58 Dehours
Der Verfechter des Pinot meuniers

Jérôme Dehours (Foto) gehört zu den wenigen Winzern in der Champagne, die stark auf Pinot meunier setzen. »Er ist die Identität unseres Ortes, unserer Weine«, erklärt Jérôme. Die Traube gilt als fülliger und aromatisch breiter als der Chardonnay und der Pinot noir, und sie ist im kleinen Dorf Mareuil-le-Port neben der romanischen Kirche Saint-Rémi das Aushängeschild. Jérômes Vater Robert gehörte zu den ersten Winzern, die die besten Weine eines Jahrgangs als Reserve zurücklegten. Ohne Reserveweine lässt sich heute die Qualität von hochwertigem Champagner erst gar nicht halten. Das Weingut wurde 1930 von Jérômes Großvater Ludovic in einer schlichten Straße im Dörfchen Mareuil-le Port gegründet. Man würde das Haus glatt übersehen, wenn da nicht das »D« wäre, das in Goldfarbe im Gitter des Hauseingangs prangt. Wer eintritt, sollte nicht nur Keller und Salon aufsuchen, sondern auch das Büro im ersten Stock. Dort wartet der schönste Blick auf die Rebenfelder.

Als sein Vater Robert überraschend mit 50 Jahren starb, übernahm Jérôme bereits mit 21 Jahren das Weingut. Er hatte an der Weinbergschule in Avize studiert. Zeitweilig wurde das Gut von Investoren abhängig. Doch Jérôme löste sich aus dem Vertrag und begann 1996 neu: Da es weder Equipment noch Mitarbeiter gab, beschränkte er sich zunächst aufs Traubenverkaufen. Mit viel Fleiß konnte er die Bestände erweitern und die Trauben für die Produktion seines eigenen Champagners verwenden.

Chemischer Dünger kam nie in Frage. Jérôme beschränkt sich darauf, das Gras zwischen den Reben zu mähen. In einem Ökosystem bilden die Pflanzen genügend Kräfte, um die Weinreben gegen Krankheiten zu schützen. 42 Parzellen bewirtschaftet er heute in Mareuil-le-Port, Oeuilly und Troissy. Seine Mühen haben sich gelohnt, und seine Arbeit findet Anerkennung. Das Weingut liefert Champagner in die besten Restaurants von Paris und Reims.

Adresse 2 Rue de la Chapelle, 51700 Mareuil-le-Port | **Anfahrt** über D 523 | **Öffnungszeiten** Mo–Fr 8–18 Uhr, nach Vereinbarung | **Tipp** In der Rue de la Chapelle 6 liegt das gemütliche Hotel »Les Mille et une Pierres«. Es vermietet die französischsten aller Mofas: die Vélosolex! 30 Euro pro Solex halbtags: 9.30–12 und 14.30–17 Uhr; Philippe Tel. +33/0674901147, Patricia Tel. +33/0643121490.

MAREUIL-SUR-AY (MARNE-TAL)

59 _ Philipponnat
Die steilste beste Lage der Champagne

Der alte Weinberg, der »Clos des Goisses«, ist so etwas wie die Lebensversicherung des Champagnerhauses Philipponnat – und eine ziemlich pittoreske dazu. Direkt an der Marne gelegen, nach Süden ausgerichtet, windet er sich 5,5 Hektar groß rasant den Hang hinauf und bildet mit 45 Grad Steigung die steilste Einzellage der Region. Und die begehrteste. Denn Lagenchampagner sind selten. Mit den im Kreideboden angebauten Traubensorten Chardonnay und Pinot noir gelingt es Philipponnat stets aufs Neue, einen Champagner zu erzeugen, der intensiv ist, druckvoll und einfach Spaß macht. Was man »nur« noch dazu braucht, damit er gedeiht, sind beste Moste, die Bearbeitung im Holzfass, eine längere Reifung im Keller sowie »eine gute Nase und Fingerspitzengefühl«, meint Charles Philipponnat (Foto), Chef de Caves des gleichnamigen Weinguts.

Die Geschichte seiner Familie begann vor über einem halben Jahrtausend. 1522 lebte sie bereits im benachbarten Aÿ. Alte Briefe, aus der Feder von Mönchen, bezeugen die damaligen Eigentumsverhältnisse. Die Familie lieferte ihre Trauben von Anfang an auch an das französische Königshaus. Viele Jahrzehnte später, 1910, gründeten Auguste und Pierre Philipponnat in Mareuil-sur-Ay ihr Champagnerhaus, kauften Keller aus dem 18. Jahrhundert und 1935 den Clos des Goisses – »gois« oder »goisses« heißt im Dialekt der Champagne so viel wie »steil« – mit seinen 14 Parzellen. Sie liegen nur 400 Meter entfernt vom Stammhaus in Mareuil.

1997 übernahm die Boizel Chanoine Champagne Group (BCC) das Haus. Doch wird Philipponnat auch heute noch von einem Familienmitglied geleitet, nämlich von Augustes Enkel, Kellermeister Charles. 20 Hektar Weinberg bewirtschaftet das Weingut und produziert jährlich über eine halbe Million Flaschen. Doch der Stolz der Familie ist nach wie vor der Clos des Goisses: Die wertvoll bestockte Steillage an der Kalkflanke der Montagne de Reims ist längst zum Symbol des Hauses geworden.

Adresse 13 Rue du Pont, 51160 Mareuil-sur-Ay | **Anfahrt** über D 111 | **Öffnungszeiten** Mo – Fr 9 – 12 und 14 – 17 Uhr, nach Vereinbarung | **Tipp** Wer das Stammhaus von Philipponnat besucht, sollte sich den Clos de Goisses zeigen lassen. Die Parzelle kann nur per Führung besichtigt werden. Schlamm und Matsch an den Füßen sind nicht zu befürchten. Wegen der extremen Steigung ist der Weinberg mit Steintreppen ausgebaut.

60 Der Soldatenfriedhof Marfaux

Die große Katastrophe unter Baum und Blumen

Wunderschön schlängelt sich die Landstraße von Reims über Bouilly, Chaumuzy und Pourcy sanft durch die Felder, Hänge und Wiesen der Montagne de Reims, und es scheint, dass nichts diese Idylle trüben könnte. Doch kaum an einem anderen Ort haben die Schrecken und Grausamkeiten des Ersten Weltkriegs mehr Narben hinterlassen als in den Ardennen und der hügeligen Landschaft der Champagne. Etwas unvermittelt erscheint an der Straße zwischen Marfaux und Pourcy ein deutscher Soldatenfriedhof. Man würde an ihm vorbeifahren, wenn nicht der englische, der neben ihm liegt, so gut ausgeschildert wäre. Der Friedhof wurde 1921 von den französischen Militärbehörden als Sammelanlage für die deutschen Gefallenen eingerichtet.

Eine kurze Treppe führt zum Eingang mit dem geschmiedeten Törchen, umschlossen von einer kurzen, nicht sehr hohen Mauer aus Naturstein, in das ansonsten offene Gelände. Metallene Kreuze stehen in gleichmäßigen Abständen verteilt auf der Wiese zwischen Feldblumen und unter den Bäumen, ein jedes mit dem Namen des Gefallenen und seinem Todestag versehen. Von den 2.725 Toten liegen 1.700 in Einzelgräbern, 22 blieben namenlos. Im Gemeinschaftsgrab mit 1.025 Toten konnten nur 209 identifiziert werden. Auf dem britischen Friedhof nebenan ruhen 1.105 Gefallene.

Seit 1928 kümmert sich der Volksbund Deutsche Kriegsgräberfürsorge um die Pflege des deutschen Soldatenfriedhofs. Freiwillige Helfer seiner Jugendlager tauschten 1975 die provisorischen Holzgrabzeichen gegen die heutigen Kreuze aus. Die meisten Soldaten kamen während der deutschen Offensiven im Mai und Juli 1918 ums Leben. Je mehr man sich das Schicksal, das junge Menschen hier einst erleiden mussten, vor Augen hält, desto bedrückender wird es. Es ist ein mahnender Ort, der eindrucksvoll vermittelt, dass sich solche Kriege niemals wiederholen dürfen.

Adresse Marfaux British Cemetery, 51170 Marfaux | **Anfahrt** auf der D 386 zwischen Pourcy und Marfaux | **Öffnungszeiten** immer geöffnet | **Tipp** Unter den Toten sind auch sechs jüdische Soldaten. Sie erhielten 1975 statt eines Kreuzes eine Stele aus Naturstein mit Davidstern und hebräischer Inschrift, die so viel besagt wie: »Möge seine Seele eingeflochten sein in den Kreis der Lebenden.«

MESNIL-SAINT-PÈRE (ARRONDISSEMENT TROYES)

61 Mode au futur
Nicht nur im Salzkammergut kann man glücklich sein

Es ist schon kurios, dass sich Anna-Barbara Aumüller ausgerechnet diesen Fleck im Nirgendwo ausgesucht hat. Die junge Designerin war bisher eher hinter den großen Bühnen von Haute Couture und Prêt-à-porter zu Hause. Begonnen hatte sie ihre Laufbahn in London bei Vivienne Westwood und kam für deren Modeschauen mehrmals nach Paris. Sie verliebte sich in die Stadt an der Seine, packte ihre Sachen und zog ganz nach Paris. Sie arbeitete als Zeichnerin, Schneiderin und Schnittdrapiererin für Luxusmarken wie Louis Vuitton, Yves Saint Laurent, Dior, Jean Paul Gautier oder Chanel. »Es war eine aufregende und lehrreiche Zeit«, sagt sie. Doch ihr Bedürfnis, der Natur näher zu sein, wurde immer größer. Mit ihrem Lebenspartner, dem Fotografen Jean-Luc Fremont, zog sie 2016 in ein Haus am Lac d'Orient. »Die Ruhe, die wir hier haben, ist super. Und ich liebe den See«, erklärt die Österreicherin. Im Salzkammergut ist sie aufgewachsen. Der See erinnert sie an ihre Heimat.

Ihr kleines Atelier mit Blick auf Garten und Hängematte ist voll von Entwürfen, Kleiderpuppen, Stoffen, Stecknadeln und Garn. Ob traditionelle Schneiderei, programmierte Lichtstickereien oder die Erstellung abfallfreier Schnitte – alles bezieht sie in ihre Vorstellung von femininer Luxusmode ein. Sie arbeitet mit klassischen Stoffen genauso wie mit Eierschalenleder, Kork oder biegsamem Holz. Eines ihrer Projekte heißt »Modefenster«, eine Hommage an Techniken und Handwerkskünste der Modewelt. Ihre größte Schau, »mode au futur«, eröffnete im September 2020 in Bourgoin-Jallieu und zieht seitdem als Wanderausstellung durch Europa. »Das Wichtigste aber ist«, sagt sie, »dass man glücklich ist und den Augenblick genießt.« Das Glück, im See zu schwimmen, liegt jetzt vor ihrer Tür. Und wer bei ihr vorbeischaut, erlebt vielleicht auch ein Stück Glück – und darf von ihrer köstlichen Aprikosen-Tarte probieren.

Adresse 5 Impasse des Jardins, 10140 Mesnil-Saint-Père | **Anfahrt** von D 34 in Rue de Fourrières, erste links in Petite Rue, dann erste rechts | **Öffnungszeiten** nach Vereinbarung, Tel. +33/325815730 | **Tipp** Auf der D 619 kommt vor Le Mesnilot ein Kanal, dort in D 43, nach 2,5 Kilometern links, dann zum Château de Saint-Martin. Das Herrenhaus mit Spitzdach liegt im Park hinter einem grünen Zaun. Dort stand einst die Scheune der Abtei von Montiéramey. Die schöne Villa ist in Privatbesitz und nicht zugänglich. Doch weiter links am Weg hängen die Birnen von den Bäumen, pflückbereit für jeden.

MESNIL-SAINT-PÈRE (ARRONDISSEMENT TROYES)

62 Die Seen des Fôret d'Orient

Segler, Schnepfen, Goldschatzsucher

Der »Parc naturel régional de la Forêt d'Orient« hat gleich drei Seen. Sie sind Teil des »Pariser Beckens«, in dem sich Aube und Seine stauen, wenn sie bei Hochwasser die französische Hauptstadt zu überfluten drohen. Gleichzeitig sorgen die künstlichen Seen bei Niedrigwasser dafür, dass die Lastenschiffe genügend Wasser unterm Kiel haben, um ihre Fahrt fortzusetzen. Über Zu- und Abläufe sind sie mit den jeweiligen Flüssen verbunden. Der Lac d'Orient ist mit 2.500 Hektar der größte von ihnen. 1966 wurde er als erstes »Réservoir Seine« in Betrieb genommen. Der Lac d'Auzon-Temple und der Lac Amance kamen Ende der 1980er Jahre hinzu.

Die drei Seen, mitten im Fôret d'Orient mit seinem dichten Eichen- und Tannenbestand, sind so aufgeteilt, dass sich die Wassersportler nicht in die Quere kommen: Am Lac Temple treffen sich die Angler, im Lac Amance flitzen die Wasserskifahrer über den See, im Lac d'Orient finden vor allem im Sommer, wenn das Wasser türkis leuchtet, die Schwimmer ihr Glück. Auch Ornithologen kommen auf ihre Kosten. Denn die Vogelvielfalt an den Seen ist groß. Im Schilf, an den Wasserläufen und in den anliegenden Feuchtgebieten fühlen sich die Vögel am wohlsten. Mehr als 70 Weiher rund um die Seen bilden regelrechte Wassergärten. Hier leben Reiher, Schnepfen, Schwäne, Strandläufer, Enten und Störche genauso wie Habichte, Falken, Spechte, Milane oder Kiebitze. Jeder See hat sein »Observatoire«: Von den Vogelschutzwarten aus lassen sich zwischen Oktober und April vor allem graue Kraniche und Saatganse beobachten.

Wem das nicht wild genug ist, der sucht am besten mit Wünschelrute und Spaten im Wald nach einem ganz anderen Abenteuer. Der Forêt d'Orient umfasst ein Gebiet, das die Templer 1255 gekauft haben. Im Forêt du Temple sollen die Ritter einst ihren sagenumwobenen Schatz vergraben haben. Er wurde bis heute nicht gefunden.

Adresse Les Lacs de la Fôret d'Orient, 10140 Mesnil-Saint-Père | **Anfahrt** über D 43 | **Tipp** »Le Train touristique« im Hafen von Mesnil-Saint-Père fährt von Juni–Okt. je nach Wetterlage vom See durch den Naturpark zur »Maison du Parc« mit ihrer Ausstellung und Boutique – und wieder zurück. Eine Stunde dauert die kommentierte Rundreise. Abfahrtszeiten unter Tel. +33/325412072.

63 Das Wunder der Marne
Der Siegeskoloss in den Sümpfen von Saint-Gond

Wie eine gigantische Streitaxt ragt das ockerfarbene Monument auf dem rund 210 Meter hohen Hügel von Montgivroux schon aus der Ferne über den Baumwipfeln empor. Beim Dörfchen Mondement, umgeben von den Sümpfen von Saint-Gond und der Kreideebene der Champagne, erinnert es an die Erste-Weltkriegs-Schlacht der französischen Infanterie vom 5. bis 12. September 1914 und die 300 Kilometer lange Front von Senlis bis Verdun. Dass es ausgerechnet in Mondement steht, hat seinen Grund: Auch die Sümpfe halfen, die Deutschen zurückzudrängen. Der Sieg der Franzosen ging als »Wunder an der Marne« in die Geschichte ein.

1932 begann der siebenjährige Bau. Dann kam der Zweite Weltkrieg dazwischen, und so konnte das »Monument national de la Victoire de la Marne« erst 1951 eingeweiht werden. Noch heute finden am Monolithen jährlich im September Gedenkfeiern statt. Wer will, kann ganzjährig durch die Historie spazieren: auf den »Circuits Mémoriels Marne«. Gegenüber vom Denkmal steht eine kleine Kapelle mit Friedhof, in dem die Gedenktafeln für die Gefallenen angebracht sind. An der Mauer zeigt ein etwas vergilbter Plan die Wanderroute von 28 Kilometern Länge an.

Geradezu winzig fühlt man sich, wenn man unmittelbar vor dem 35,5 Meter hohen Koloss steht. Er besteht aus Beton, der auf einen Metallrahmen aufsetzt. Die Farbe ist dem Sandstein der Vogesen nachempfunden – das soll die Bindung von Elsass-Lothringen an Frankreich unterstreichen. Im oberen Drittel ragt wie eine Nase oder die Klinge einer Axt eine allegorische Skulptur hervor: der »victoire ailée« – der Sieg auf seinen Schwingen. Auch Fresken und Zitate zieren die Seiten, am Fuß sind Porträts großer Weltkriegsgeneräle wie Ferdinand Foch oder Joseph Joffre eingraviert. Und alles wäre feierlich still, wenn es nicht ein paar ständige Gäste gäbe. Ganz oben am Monument wohnen die Schwalben und ziehen fröhlich ihre Bahnen.

Adresse 2 Rue Général Humbert, 51120 Mondement-Montgivroux | **Anfahrt** über D 45 | **Tipp** In Mondement-Montgivroux, einen kurzen Fußweg vom Monument entfernt, befindet sich in der Rue de l'Église 1 in einem ehemaligen Schulgebäude ein kleines Museum zur Marne-Schlacht; Juni – Sept. So 15 – 18 Uhr.

64 La Côte aux Chats
Zu Gast im alten Frankreich des Swing und Chansons

Es ist eine wundersame Reise in die Vergangenheit – ins Jahr 1948. Damals wurde die alte Villa in dem kleinen Waldstück des Forêt d'Orient am Lac d'Orient gebaut. Sie war das Wohnhaus des Fabrikdirektors, dessen Ziegelfabrik aus dem 19. Jahrhundert, 200 Meter näher am See, als Industrieruine zu bestaunen ist. 2016 hatte Baptiste Lombard die Villa entdeckt, 20 Jahre lang war sie von Instandbesetzern bewohnt. 2018 kaufte er das Haus, um ein Hotel daraus zu machen, und drehte die Zeit zurück: Ob Kacheln und Wasserkräne im Bad, ob Betten, Bilder, Lampen, Tapetenmuster, Türklinken, Hutständer, die alte Schreibmaschine oder das Grammofon – alles in der »Domaine de la Côte aux Chats« mit ihrem Speise- und Wohnsalon und den drei Doppelzimmern stammt aus der Anfangszeit. Selbst das alte Radio ist stilecht, wird aber per Spotify gespeist – mit Swing und Chansons der 1940er Jahre. Baptiste hat seinen Traum verwirklicht.

Ein langer, von Pappeln gesäumter Schotterweg führt vom elektrischen Tor zum Haus, vorbei an einer ehemaligen Scheune und zwei Koppeln, auf denen Esel und Schafe weiden. Sie waren dem Schlachthof geweiht, doch Baptiste hat sie genauso aufgenommen wie die fünf Straßenkatzen, nach denen das Hotel benannt ist: Choumie, Cacahuete, Polka, Bella, Poupée dürfen allerdings nicht ins Haus, schon der Gäste wegen. Die Doppelzimmer kosten zwischen 65 und 80 Euro, inklusive Frühstück mit Brot, Honig und Milchprodukten vom regionalen Bäcker, Imker und Bauern. Hinter dem Haus führt am See die »Route du Champagne« vorbei, eine der wichtigsten Straßen für Wirtschaft und Tourismus. Vor der Villa sitzt man im Sommer ganz ausgezeichnet in den Liegestühlen im Garten. Natürlich mit einem Glas Champagner. Die Domaine serviert einen Pinot noir für 25 Euro die Flasche. Er kommt aus Baronville an der Côte des Bar. Ein Verwandter von Baptiste ist der Winzer.

Adresse Route nationale 19, 10270 Montiéramey | Anfahrt zwischen D 619 und Lac d'Orient, am besten vor Sonnenuntergang anreisen, sonst verpasst man auf der Route nationale die Abzweigung, an der ein kleines unscheinbares Schild den Weg zum Hotel weist | Tipp Ein schöner Strand ist der Plage de Lusigny, sechs Kilometer entfernt – per Auto über D 619 nach Lusigny auf die Route du Lac oder zu Fuß über Beaumont am See entlang.

MONTIÉRAMEY (ARRONDISSEMENT TROYES)

65_La Mangeoire
Bœuf bourguignon im Roadmovie-Restaurant

Gerade weil seine Lage direkt an der Route nationale zwischen Troyes und Bar-sur-Aube nicht unbedingt das ist, was man idyllisch nennt, wirkt das »La Mangeoire« mit seiner nachts grell leuchtenden Aufschrift wie aus einem Roadmovie. In der zum Restaurant umgebauten Scheune geht es zünftig zu. An den Gipsputzwänden aus den 1970er Jahren hängen bis hoch zu den dunklen Balken des offenen Dachstuhls Requisiten aus der Landwirtschaft: uralte Pflüge, eine ganze Kollektion altertümlicher Äxte und Heugabeln sowie museumsreife Leiterwagenräder. Auf dem kopfsteingepflasterten Boden stehen Stühle mit hohen Rückenlehnen an massiven Holztischen, über denen orange Lampen in Form von Fönhauben leuchten. Fernfahrer, Touristen und Einheimische sitzen beim Essen und Kartenspiel zusammen. Das Personal ist freundlich und ganz offensichtlich daran gewöhnt, auch mit Gästen aus der Fremde zu sprechen. Gegessen wird einfach bis deftig – vom Omelett und vegetarischen Teller über Kalbskopf-Auflauf bis zum gebratenen Zanderfilet mit Bauernspeck und Bœuf bourguignon. Und noch bevor serviert ist, regt der Duft von Gegrilltem den Appetit an. Denn in der offenen Küche wird auf dem Holzkohlegrill das beste Steak der Landstraße gebraten.

Das »La Mangeoire« ist Teil des »Hôtel Relais Paris-Bâle«, das in dem alten Bauernhof nebenan untergebracht ist. Dazu gehören ein Schwimmbad, einige schlichte Hotelzimmer, ein Seminarraum und auf der Wiese eine 18-Loch-Minigolfanlage. Wenn das Wetter mitspielt, organisiert das Hotel Bootsreisen über den Lac d'Orient. Das Schiff liegt fünf Kilometer entfernt im Hafen von Mesnil-Saint-Père. Für Gäste, die frühzeitig buchen, gibt es ein spezielles Angebot: Ein Zimmer für zwei Personen mit Abendmenü und Frühstück kostet 150 Euro. Im Preis inbegriffen ist eine Runde auf der Minigolfanlage. Und eine Flasche Champagner. Die gibt es aber erst bei der Abfahrt.

Adresse 6 Rue du Relais de Poste, 10270 Montiéramey | **Anfahrt** an der D 619 | **Öffnungszeiten** 8 – 21 Uhr | **Tipp** 25 Kilometer weiter östlich über die D 619 liegt in Dolancourt der Freizeitpark Nigloland. Er ist nach dem Disneyland in Coupvray im Osten von Paris und dem Parc Astérix in Plailly in der Hauts-de-France der größte Vergnügungspark in Frankreich.

66 Das Château Montmort
Eine Wendeltreppe für Pferde und Mathegenies

»Das Land ist flach, die Ebene flieht, so weit das Auge reicht. Plötzlich, wenn man aus einer Baumgruppe hervortritt, sieht man rechts, als wäre es halb im Land begraben, ein herrliches Treiben von Türmen, Wetterfahnen, Giebeln, Dachgauben und Kaminen. Es ist das Schloss von Montmort«, schrieb Victor Hugo in einem Brief vom Juli 1838 an einen Freund. Und genauso sieht es heute immer noch aus. Im 16. Jahrhundert wurde das Château auf den Ruinen einer mittelalterlichen Festung auf einem kleinen Hügel gebaut, umringt von einem großen Park, einem Gemüsegarten, einer Kapelle, einem doppelten Wassergraben und einer Brücke aus drei Bögen. Seine Besonderheit: die Spiralrampe, eine Wendeltreppe für Pferde, die es in Frankreich nur noch im berühmten Schloss Amboise an der Loire gibt. Immer noch existieren im Erdgeschoss die Küche aus der Renaissance und der schöne Gewölberaum mit großem Kamin im Henri-IV.-Stil und im ersten Stock der große Salon mit bemalten und vergoldeten Balken in der Decke.

1704 kaufte Pierre Rémond, Marquis de Montmort (1678–1719), die Burg. Das Château ist seitdem im Besitz seiner Familie. Der adlige Mathematiker, Schüler von Leibniz und Newton, gilt als Mitbegründer der Wahrscheinlichkeitsrechnung. Eine seiner berühmtesten Schriften dreht sich um die Analyse der Glücksspiele. Auf Schloss Montmort empfing er auch den Schweizer Mathematiker Nikolaus Bernoulli und »kämpfte mit ihm drei Monate lang ständig um Probleme«.

Im Schloss sind nur Gruppenführungen möglich. Wer möchte, kann den Park und das fast 700 Quadratmeter große Château auch für private Anlässe mieten. Und wer es unbedingt ganz für sich allein haben will, ist auch willkommen. Aber das wird teuer: Seit 2012 steht das denkmalgeschützte Anwesen zum Verkauf. Den Ahnen Pierre Rémonds ist die Pflege des Châteaus zu aufwendig geworden. Der Startpreis liegt bei vier Millionen Euro.

Adresse 3 Rue de la Libération, 51270 Montmort-Lucy | **Anfahrt** über D 951 | **Öffnungszeiten** Gruppenführungen: Mai–Okt. Mo–Fr 14.30–16.30 Uhr, So 14.30, 15.30, 17, 17.30 Uhr, nach Vereinbarung, Tel. +33/326591004 | **Tipp** Wer von der Renaissance in die Steinzeit reisen will, fährt 14 Kilometer über Étoges und die D 343 nach Congy, dann zwei Kilometer weiter über D 243. Links auf dem Feld steht, drei Meter hoch und 1,80 Meter breit, einer der ältesten Zeugen der Champagne: der »Menhir de l'étang de Chénevry«.

MUTIGNY (MONTAGNE DE REIMS)

67 Der Weinbergpfad

Wandern mit Bienen, Hasen, Füchsen und Champagner

Mutigny, ein kleines Dorf oberhalb von Aÿ, liegt 240 Meter über dem Meeresspiegel und ist damit das höchstgelegene Weindorf der Champagne. Höhenangst ist also unwahrscheinlich, doch dank seiner Lage bietet das Dörfchen einen der besten Ausblicke über das Marne-Tal. Grund genug, am Hang von Mutigny entlang der Reben eine kleine Route zu organisieren, dachte sich der einheimische Tourismusverband – und legte den »Sentier du Vigneron« an, einen 2,2 Kilometer langen Lehr- und Wanderpfad durch die Weinberge. Die Route beginnt im Dorf am Place de la Mairie, führt über die Rue de la Côte de Mai in die Weinberge und von dort über einen Rundweg zur Rue de l'Église und zurück zum Rathaus. Der Weg ist selbsterklärend, denn immer wieder warten am Wegesrand Schilder, die über die Weinberge informieren. Mit Führung dauert die Strecke etwa eineinhalb Stunden. Es lohnt sich, denn so erhält man von einem Einheimischen einen noch besseren Einblick in die Geschichte des Weinbaus, die Arbeit der Winzer und die heutigen Methoden, beim Anbau der Reben schonend mit der Umwelt umzugehen.

Der Weinbergpfad führt vorbei an Weinstöcken, Wildblumen und so manchen Wildtieren, wie Spitzmäusen, Hasen oder Füchsen. Und zwischendurch lockt immer wieder der Blick ins Tal und weiter hinten auf Épernay. Wem das alles zu leicht ist und wer lieber spüren will, was die Ernte für den Rücken bedeutet, der kann in der Zeit zwischen August und September einen Tag beim Pflücken helfen.

Und ob Wanderer, Winzergeselle oder Weinbergfreund – zum Schluss gibt es für alle ein Glas Champagner. Danach bietet sich die Gelegenheit, die nur 50 Meter von den Reben entfernten Bienenstöcke zu besuchen. Francis Courty, der Imker des Dorfes, versorgt einen Staat von 800.000 Bienen, die nicht nur die schädlichen Traubenwickler vertreiben, sondern auch schmackhaften Weinberg-Honig produzieren.

Adresse 9–7 Place de la Mairie, 51160 Mutigny | **Anfahrt** über Rue de la Côté de Mai | **Öffnungszeiten** Führungen: www.sentierduvigneron.fr oder Tel. +33/326523908 | **Tipp** Zwei Kilometer nördlich liegt das Manoir de Montflambert. Das Gutshaus aus dem Jahr 1560 ist ein sehr elegantes Bed-and-Breakfast-Hotel mit großem Park, in dem nicht nur Hotelgäste, sondern auch Spaziergänger willkommen sind.

68 Saint-Pierre-Saint-Paul
Das Kloster des aufmüpfigen Gottschalks

Im Jahr 680 bauten die Benediktiner ein Kloster in Orbais – unter Federführung von Bischof Rieul von Reims. Er hatte den Mönchen einen schönen Ort mit fließendem Wasser versprochen, und zwar im Tal des Surmelin, der bei Mézy-Moulins als linker Nebenfluss in die Marne mündet. Wohl nicht nur wegen dieser Wohltat wurde Rieul später heiliggesprochen. Der bekannteste Bewohner war aber nicht der Bischof, sondern Gottschalk von Orbais, ein sächsischer Grafensohn, der von etwa 830 bis 838/9 im Kloster lebte. Freiwillig kam er jedoch nicht. Wegen Aufsässigkeit hatte ihn sein Abt Hrabanus Maurus gezwungen, sein Kloster in Fulda zu verlassen. In Orbais betete und studierte Gottschalk fleißig, und doch brachten ihn seine theologischen Überzeugungen fast an den Galgen. Als Ketzer wurde er 849 in den Klosterknast von Hautvillers geworfen – lebenslänglich.

Rund 350 Jahre später waren auch die Tage des alten Klosters in Orbais gezählt. Die Abtei wurde abgerissen. Anfang des 13. Jahrhunderts entstand auf ihrem Fundament die heute als »Saint-Pierre et Saint-Paul« bekannte »neue« Abteikirche. Erbaut hat sie Jean d'Orbais, der es später als einer der ersten Baumeister der Kathedrale von Reims zu Ruhm brachte. Somit wurde die Kirche im kleinen Orbais-l'Abbaye zum Prototyp für die Reimser Kathedrale – darauf sind die 560 Einwohner von Orbais noch heute stolz.

1651 stürzten mehrere Arkadenreihen des neuen, 80 Meter langen Kirchenschiffs ein. Doch auch dieses Unglück hat die Kathedrale überstanden. Sie misst beachtliche 21 Meter Höhe und 38 Meter Breite. Auch die fünf Seitenkapellen, der Kreuzgang, die geschnitzten Chorstühle und vor allem die Glaskunst aus den Anfängen des 13. Jahrhunderts sind beeindruckend.

Das Kloster wurde während der Französischen Revolution aufgegeben. Genutzt werden Teile der Anlage heute noch, allerdings sehr weltlich – als Kabelfabrik.

Adresse Place Jean d'Orbais, 51270 Orbais-l'Abbaye | **Anfahrt** über D 11 | **Öffnungszeiten** täglich geöffnet | **Tipp** In der Kirche befindet sich ein Ständestuhl aus Holz, den Louis de Bourbon einst gespendet haben soll. Abdrücke eines menschlichen Rückens und Gesäßes sind in Rückenlehne und Sitzfläche eingebrannt. Die geschnitzte Figur der Barmherzigkeit ist die einzige, die im Ensemble des Stuhls fehlt. Welches Verbrechen hier wohl geschehen ist?

69 Die Schleuse 62
Auf dem Binnenwasserweg zwischen Marne und Saône

Nirgendwo spürt man die Patina historischer Binnenschifffahrt so deutlich wie an den alten Schleusen der Champagne – zum Beispiel an der »Écluse 62 de la Garenne«. Sie liegt bei Hallignicourt kurz vor dem Ort Perthes und ist eine von 114 Schleusen des »Canal entre Champagne et Bourgogne«. Er hieß einst »Canal de la Marne à la Saône« und wurde 1907 fertiggestellt. 224 Kilometer lang und maximal 1,80 Meter tief, beginnt er im Norden in Vitry-le-François und führt bis nach Maxilly-sur-Saône im Süden. Er ist Teil eines Systems von Binnenwasserwegen, das Nordwestfrankreich über die Champagne und das Burgund mit dem Mittelmeer verbindet. Nachdem die Frachtschifffahrt zum Ende des 20. Jahrhunderts immer mehr zurückging, begannen Sport- und Hausbootfahrer verstärkt, den Wasserweg für ihr Freizeitvergnügen zu nutzen.

Eine viel befahrene Route ist der Kanal deswegen nicht geworden. Im Gegenteil, es geht gemächlich, fast still zu – und gerade deswegen mögen ihn viele. Die meisten Schleusen funktionieren automatisch, manche werden von einem Eclusier, einem Schleusenwärter, bedient. Wer den Kanal entlang der alten Höfe, der Wälder, der großen Wiesen und weiten Weiden mit ihren grasenden und glotzenden Kühen per Schiff befährt, passiert nicht nur Schleusen, sondern auch zwei Tunnel, zwölf Kanal- und 17 Hebebrücken. Auch von ihnen werden viele noch manuell bedient.

Schiffsführer sollten in jedem Fall aufpassen: Boote mit einer Höhe von 3,5 Metern über Wasser können den Kanal nicht befahren. Und auch bei den kleinen Schleusen lauern Gefahren. Denn je nach Wasserstand im Kanal laufen sie manchmal so voll, dass Fender nicht helfen und die Schiffe an die Schleusenmauern zu crashen drohen. Um sich zu wappnen, behilft sich so mancher gestresster Bootsführer mit abenteuerlichen Eigenbaukonstruktionen aus Kunststoffrohren oder Besenstielen, um durch die randvollen Schleusen zu navigieren.

Adresse Écluse 62 de la Garenne, 52100 Hallignicourt | Anfahrt von Saint-Dizier über N 4 bis D 196, links in Richtung Hallignicourt zur Schleuse | Tipp Sechs Kilometer östlich, in Saint-Dizier, der Stadt der Gießereien, wirkte Hector Guimard (1867–1942). Der Art-nouveau-Künstler und Schöpfer der Pariser Metroeingänge hat über 80 Häuser mit seinen gusseisernen Balkonen, Fensterbrüstungen und Türgittern, wie in der Rue François 1, verschönert.

REIMS

70 Das Automobil-Atelier
Oldtimerkunst, Eleganz und ein Gentleman

Er wirkt wie aus einem französische Genrefilm: hochgewachsen, gut aussehend, braun gebrannt, das Einstecktuch im Tweedanzug, die Schiebermütze auf dem Kopf, die Fahrerhandschuhe lässig in der linken Hand – so steht Bruno Paillard vor seinem knallroten, mit beigen Lederpolstern ausgestatteten Citroën DS 21 Cabriolet, dem göttlichen automobilen Superlativ aus den 1960er Jahren. Bruno lächelt – und das mit dem einnehmenden Fluidum eines älteren Gentlemans, der weiß, dass im Leben nichts schöner sein kann als der Moment, dieser eine Moment. Bruno Paillard, eine Mischung aus entschlossenem Stoiker und charmantem Plauderer, hat sich seinen zweiten Berufstraum erfüllt. Nach der Gründung der gleichnamigen Champagnermarke schuf er auf dem 3.000 Quadratmeter großen Gelände in Bezannes, einem industriellen Vorort von Reims, das »Automobile Anciennes Atelier Restauration«. Während das Automobilmuseum im Stadtzentrum eher einem überfüllten Showroom mit blinkendem Luxusblech ähnelt, versprüht Brunos Atelier mit dem Geruch von Motoren und Öl und seiner lauten Betriebsamkeit das Flair leidenschaftlicher Oldtimer-Kunst.

In seiner Werkstatt werden selbst totgesagte Fahrzeuge zu neuem Leben erweckt. Unter Abdeckplanen oder aufgebockt stehen in der 1.200 Quadratmeter großen Halle zahllose renovierte und rohe Schätzchen nebeneinander, darunter ein Renault Stella aus den 1930er Jahren, ein Rolls-Royce von 1935, ein Aston Martin aus den 1950er, ein Iso Rivolta aus den 1960er Jahren oder ein Maserati Coupé von 1972. Sechs Mitarbeiter kümmern sich um Bleche, Lackierung, Mechanik, Hydraulik, Karosserie und Polsterung.

Brunos Liebling ist der Citroën DS, für ihn genauso die »Inkarnation des französischen Genies« wie Champagner. Beide sind für ihn untrennbar miteinander verbunden: 1981 verkaufte Bruno einen Citroën Traction, um den Launch seiner Champagnermarke zu finanzieren.

Adresse 6 Rue des Letis, 51430 Bezannes (Reims) | **Anfahrt** über A 4 und D 951 ins Industriegebiet oder von Reims über D 6 | **Öffnungszeiten** Mo – Fr 8.30 – 12.30 und 13.30 – 18 Uhr, nach Vereinbarung | **Tipp** Bei Bruno Paillard gibt es auch Oldies zum kleinen Preis, zum Beispiel einen Citroën TUB aus den 1930er Jahren: Mit großem Innenraum ist der frontgetriebene Lieferwagen zurzeit en vogue – für Ausflüge mit der Familie und Champagner ins Grüne. Allerdings muss er – für reichlich Kleingeld – erst aufgerüstet werden.

REIMS

71 Die Bibliothèque Carnegie
Studieren und staunen unter Art déco

Ob am Boulevard Foch oder auf dem Cours Jean-Baptiste Langlet – überall lassen sich in Reims typische Wohnhäuser aus dem Art déco finden. Am schönsten aber ist die Carnegie-Bibliothek gleich an der Kathedrale Notre-Dame. Benannt wurde sie nach dem Industriellen Andrew Carnegie (1835–1919), der in den USA ein Stahlimperium aufgebaut hatte und einer der reichsten Männer seiner Zeit war. Anfang der 1920er Jahre ließ er die »Bibliothèque« in Reims bauen – nicht nur, um der im Ersten Weltkrieg zerstörten Stadt etwas zu schenken, sondern auch um »Bildung für alle« zu ermöglichen. 1928 wurde die Bibliothek eingeweiht. Carnegies Büste steht auf einem Steinsockel direkt vor dem monumentalen Eingang.

Im großen Foyer hängt ein Kronleuchter in Form einer riesigen geometrischen Blüte aus Glas von der mit Mustern bemalten Decke. Entworfen hat ihn der Reimser Glasmaler Jacques Simon, der mit Marc Chagall in der Kathedrale von Reims des Künstlers berühmte Glasfenster installierte. Links geht es in die Registerverwaltung, einen kleinen, zweigeschossigen, holzgetäfelten Raum, in dem die Karteikarten für den Buchbestand in Hunderten von kleinen Holzschubladen alphabetisch geordnet sind. Ein solch stilvoller Zettelkatalog ist im digitalen Zeitalter eine absolute Seltenheit geworden.

Rechts durch das Foyer liegt der große Lesesaal, »la salle de lecture«. An langen Tischen sitzen Studenten über ihren Unterlagen und Laptops. Die hohen Regale an den Wänden sind mit Büchern, Folianten und Zeitschriften gefüllt, ebenso die obere Galerie. Durch die drei großen Rundbogenfenster am Kopf des Saals flutet hell das Licht, an der Decke leuchtet im Glasdach das »offene Buch« des Glaskünstlers Jacques Grüber. Es ist hier so angenehm und still, dass man sich am liebsten sofort hinsetzte, um ein wenig zu ruhen. Nur schnarchen sollte man nicht. Die Dame an der Rezeption hört alles.

Adresse 2 Place Carnegie, 51100 Reims | **Anfahrt** über D 944 und Rue Voltaire | **Öffnungszeiten** Di–Sa 10–13 und 14–19 Uhr, Sa bis 18 Uhr, Do morgens geschlossen | **Tipp** Wer recherchieren will, braucht auf jeden Fall einen Stift: Alles, was nicht im Lesesaal zur Verfügung steht, muss bestellt werden – und zwar handschriftlich mit einem Zettel, der dann bei der Ausleihe abgegeben wird. Die gute alte Zeit!

REIMS

72 Die Brasserie Excelsior
Entenbrust mit Kirschen unter Schönwetterwolken

Hier essen sowohl jene, die sehen und gesehen werden wollen, als auch jene, die darauf verzichten können: Politiker, Geschäftsleute und Künstler einerseits, Großeltern mit ihren Enkeln und Eltern mit ihren Kindern andererseits. Die einstige »Brasserie Flo«, die heute »Excelsior« heißt, ist seit ihrer Renovierung wieder ein Ort gesellschaftlichen Lebens. Das war nicht immer so. 1900 erbaut, war das elegante Herrenhaus mit seinem Mansardach, der Rotonde und der einladenden Terrasse zunächst in Privatbesitz, wurde später als Offiziersmesse genutzt, dann als Brasserie, bis es im Laufe der Jahre seinen Glanz zu verlieren drohte.

Dann kam John Whelan. Der britische Designer hatte mit seinen Interieur-Konzepten bereits legendäre Brasserien wie das »Bouillon Julien« in Paris an der Rue de Faubourg Saint-Denis zu neuem Leben erweckt. In Reims gelang ihm mit dem Excelsior das Gleiche: Zuerst entfernte er die abgehängte Decke und ließ damit mehr Luft in das alte Gebäude. Dann machte er sich an die Details: Wertvolle Teller aus Limoges-Porzellan schmücken nun die blauen Wände. Von der Decke, an der weiße Lampen in Traubenform hängen, strahlt ein Sommerhimmel mit feinen Schönwetterwolken herab. In den Nischen stehen Jugendstillampen, und an der Wand hinter der Sitzbank im großen Salon breitet sich über mehrere Meter das Rom des Jahres 1856 bei Sonnenuntergang aus – die Kopie eines Gemäldes von David Roberts (1796–1864), einem der wichtigsten Vedutenmaler des 19. Jahrhunderts.

Das Excelsior ist heute eine Brasserie à la française, wie sie im Buche steht. Die Kellnerinnen und Kellner sind traditionell in Schwarz und Weiß gekleidet und filetieren, tranchieren oder flambieren mit Geschick und Charme natürlich am Tisch. Und ob gebratener Kabeljau, Charolais-Rindertatar, Kalbsbries oder Entenbrust mit Sauerkirschen – jeder findet hier etwas für seinen Geschmack. Und für seinen Geldbeutel.

Adresse 96 Place Drouet d'Erlon, 51100 Reims | **Anfahrt** über Boulevard Foch | **Öffnungszeiten** Mo–Sa 11.30–14.30 und 18.30–22.30 Uhr; Fr, Sa bis 23 Uhr | **Tipp** Als Dessert sei ein Gourmet Coffee oder das »Champagnissime aux biscuits roses de Reims« empfohlen. Die legendären Reimser Biscuits stammen von der 1756 gegründeten Keksfabrik Fossier. Schon Karl X., König von Frankreich, hat sie verschlungen. Der »Champagnissime« besteht aus in Champagner getränkten Biscuits, Himbeer- und weißer Käsemousse. Voilà!

73___Bruno Paillard
Alice hängt den Pflug an die Sterne

Früher reiste Alice Paillard viel. Sie lebte in London, New York und Venedig. »Das war wichtig, um zu erkennen, wo ich wirklich hingehöre, nämlich in die Champagne.« 1981 hatte ihr Vater die Marke Bruno Paillard gegründet. Das Haus zählt mit seinen Weinbergen in bester Lage zu den avantgardistischen der Region, zum Beispiel mit seinem Champagner »Dosage Zéro« – den eine fast exzentrische Trockenheit adelt. Alice studierte nach ihrem Master in Management an der Universität Paris-Dauphine internationalen Weinhandel im Burgund, stieg mit 25 Jahren ins Familienunternehmen ein und leitet seit 2018 das Weingut. Ihr Erfolgsgeheimnis liegt nicht nur in ihrer Persönlichkeit und dem Charme, mit dem sie das Haus verkörpert, sondern auch darin, »dass wir nie etwas machen, nur weil es immer schon so gemacht wurde. So bleiben wir innovativ«.

Bereits die Kellerei ist anders: Sie liegt am Rande von Reims an einem schmucklosen Kreisverkehr zur Autobahn. Das Gebäude aus Stahl und Beton mit verspiegelten Außenwänden ist effizient auf einer Ebene angelegt. Der Wein wird in 20 Meter hohen Metalltanks aufbewahrt, im Lager daneben stapeln sich abholbereit 3.000 Flaschen pro Quadratmeter. Im Obergeschoss befinden sich die Büros und Verkostungsräume, in denen Alice ihre Gäste empfängt. Oder manchmal eine Gruppe, die sich »Transmission« nennt – eine Vereinigung von neun jungen Winzerinnen, »Femmes en Champagne«, die sich durchaus in der Tradition der führungsstarken Champagner-Witwen sehen. Sie wollen das Engagement von Frauen in der Champagne wieder stärken.

Sie alle verbindet die Liebe zum Champagner und die Sorge um die Zukunft der Region. Alice, Mutter von drei Kindern, sieht die Klimakrise als eine der größten Herausforderungen. Den Mut, sie anzugehen, hat sie. Wie sagt sie gern: »Um eine gerade Furche zu ziehen, hänge deinen Pflug an einen Stern.«

Adresse Avenue de Champagne, 51100 Reims | **Anfahrt** von der Innenstadt über D 951, am Rond-Point de Champagne erste Ausfahrt rechts | **Öffnungszeiten** Mo – Fr 8.30 – 12 und 14 – 18 Uhr, nach Vereinbarung | **Tipp** Das Weingut lässt viele Labels von Künstlern gestalten – und stellt Kunst aus: Im Erdgeschoss befindet sich gleich hinterm Eingang die »Kunstgalerie« und im Verkostungsraum in der ersten Etage die Sammlung alter, leider leerer Champagnerflaschen des Großvaters.

REIMS

74 Das Café de la Paix
Die beliebteste Austern-Brasserie der Stadt

Essen kann man in Reims in vielen Restaurants sehr gut. Doch wer Austern mag, sollte das Café de la Paix im Herzen der Stadt ansteuern. Das Restaurant ist sehr modern und mit seinen blau und gelb gepolsterten Schalenstühlen an schmalen Designertischen mit massiver Holzplatte fast ein wenig kühl. Allerdings konzentriert sich ohnehin alles auf das Essen, vor allem auf die Austern, für deren Qualität und Zubereitung das Café einen weit über die Stadtgrenzen reichenden exquisiten Ruf genießt. Schon kurz nach dem Eingang liegen links hinter der Glasscheibe, die einen Blick in die kleine Küche gewährt, Körbe voller Austern zur Auswahl. Ob Fines de claire, Gillardeau-Austern, Austern aus Saint-Vaast in der Normandie, eine Mischung von Züchtungen, »un plateau de l'ostréiculteur«, oder Austern als Teil einer fulminanten Schale mit verschiedenen Meeresfrüchten, wie madagassischen Garnelen, normannischen Wellhornschnecken, bretonischen Schnecken, Langusten oder Krabben – hier kommt alles auf den Tisch.

Ein Austernessen ohne Champagner ist in Frankreich fast so unwahrscheinlich wie ein Politiker ohne diskrete Affäre. Bereits am französischen Königshof galten Austern und Champagner als ideale Kombination und Symbole der hohen Lebensart. Beide stehen für Mineralität. Und für Lebenskraft. Auch den Austern wird eine aphrodisierende Wirkung zugeschrieben. So weit der Mythos. Dass manche Unverbesserliche bei internationalen Wettessen über 560 Austern in acht Minuten vertilgen, möchte man sich dann doch lieber nicht vorstellen.

Das Café de la Paix hält 33 Champagner Brut, sieben Gering dosierte, fünf Rosés, zwei Jahrgangschampagner und sieben Cuvées de Prestige bereit. Für diejenigen, denen die Auster zum Champagner zu jodhaltig ist, gibt es Alternativen: Tartar vom Charolais-Rind oder den hausgemachten Hamburger »Le Burger Maison«. Und dazu ein kühles Bier!

Adresse 25 Place Drouet d'Erlon, 51100 Reims | **Anfahrt** am besten gleich zu Fuß oder das Auto im Parking CPA Buirette in der Rue Buirette abstellen | **Öffnungszeiten** täglich 12–14.30 und 19–23 Uhr | **Tipp** Wenn Sie mit mehr als sechs Personen kommen, versuchen Sie den großen Tisch in der Sitznische im hinteren Bereich des Restaurants zu ergattern – dort passt die große, runde Austernplatte ideal auf die Tafel.

75 Das Café du Palais
Für Columbo ist immer noch ein Platz reserviert

Gegenüber vom altehrwürdigen Justizpalast geht es herrlich plüschig zu. Unter dem Art-déco-Buntglasfenster mit lila Vögeln und Indigo-Wolken des Glaskünstlers Jacques Simon aus dem Jahr 1928 entlädt sich in dem roten Salon des Café du Palais ein Sammelsurium von Büsten, Skulpturen, Kerzenleuchtern, Spiegeln, alten Uhren, Lampen und kleinen Porzellanfiguren. Neben dem Klavier sitzt auf der gepolsterten Bank eine halb nackte Frauenpuppe, von deren Kopf riesige Hörner in den Raum ragen. Man weiß nicht, wohin man zuerst gucken soll. Gerade wegen dieses geschickt inszenierten Durcheinanders ist das Palais eine Institution. Künstler, Musiker und Modemacher mischen sich mit Studenten, Managern und Touristen. Es bietet typisch französisches Bistro-Essen und eine originelle Bühne für Lesungen, Jazz und Minifilmfestivals.

Seit 1930 ist das einstige »Café du Grand Théâtre« in Besitz der Familie Vogt. 1965 übernahm Jean-Louis die Leitung. Er dekorierte neu und machte das Café zu einem gesellschaftlichen Treff, der Berühmtheiten wie Jane Birkin, Juliet Berto oder Peter Falk alias Columbo anlockte – noch immer hält es für den amerikanischen TV-Kommissar einen Platz reserviert.

Heute ist Marie Povoa-Vogt, Jean-Louis' Enkelin, die Patronin. Sie lernte im Café schon das Laufen. Das Frühstück mit Croissants, Marmelade und Café ist klassisch. Wer mehr will, sollte den hausgemachten Apfelkuchen oder den Gâteau au chocolat noir probieren. Die Weinkarte hat einige sehr gute Champagner von Louis Roederer, Piper-Heidsieck, Taittinger oder Ployez-Jacquemart im Angebot.

Das Palais will Marie auf keinen Fall verändern. »Die Seele des Hauses muss bewahrt bleiben. Denn jeden Gast verbindet ja eine Geschichte mit dem Palais«, sagt sie. Das einzig Neue ist die Kommunikation: Auf Facebook und Instagram postet Marie jeden Tag aktuelle Menüs nach den Rezepten ihrer Großmutter.

Adresse 14 Place Myron Herrick, 51100 Reims | Anfahrt vom Place Aristide Briand über Rue Cérès und Rue Carnot | Öffnungszeiten Di–Fr 8.30–20.30 Uhr, Sa 9–21.30 Uhr | Tipp Wer einen City-Pass für Reims hat, bekommt im Café du Palais das erste Glas des hauseigenen Champagners umsonst. Mit dem City-Pass hat man freien Zugang zu vielen Museen, erhält kostenlose Führungen durch manche Weinkeller und fährt gratis mit Bus und Bahn. Er kostet für ein bis drei Tage 22 bis 42 Euro und ist im Touristenbüro Rue Rockefeller 6 erhältlich.

76 — Charles Heidsieck
Charlies Pavillon in Angoraziegen-Mohair-Samt

Es ist ein wilder Kontrast, den die Rue de la Procession in Reims bietet. Auf der einen Seite wuchten sich achtgeschossige Wohnblocks die Straße hinauf, auf der anderen Seite perlt eine 100 Jahre alte Natursteinmauer, mit roter Mauerkrone verziert, den Bürgersteig entlang. Und sie verbirgt ein kleines Paradies: den Weinkeller, den Garten und das ehemalige Wohnhaus von Charles Heidsieck (1822–1893), Gründer der gleichnamigen Champagnermarke. Der Flachbau ist ein von Alphonse Gosset im Art-nouveau-Stil entworfenes wahres Kleinod und heute der offizielle Verkostungspavillon des Champagnerhauses.

Nach der Gründung 1851 entpuppte sich Charles schnell als Verkaufsgenie: In den USA brachte er in kürzester Zeit 300.000 Flaschen Champagner unters höhere Volk. In der New Yorker High Society wurde er so beliebt, dass man ihn fortan »Champagner-Charlie« nannte. Auch der Umstand, dass er später als Spion verhaftet und im Gefängnis von Alligatoren bewacht wurde, nährte seinen Ruhm so sehr, dass sein Leben 1989 mit Hugh Grant in der Hauptrolle verfilmt wurde.

Der Pavillon befindet sich gleich hinter der Mauer an der Rue de la Procession 1 und ist schon durchs Gittertor zu sehen. 2017 wurde er von Star-Designer Tristan Auer auf Hochglanz gebracht. Es entstanden lichtdurchflutete Räume auf mehreren Ebenen mit feinen Nuancen: Paneele aus gebürsteter Zeder, der Boden aus weißem Marmor, schwarze Sessel aus Leder und Sofas aus Angoraziegen-Mohair-Samt. Wer hier sitzen will, kommt nur auf Einladung herein.

Wenige Meter neben dem Pavillon befindet sich ein gemauertes Gartenhäuschen. Hinter der Tür geht es 106 Stufen zum Weinkeller hinab in die Crayères, die römischen Kalkminen und Höhlen, durch die von oben das Sonnlicht blinzelt und die mit ihrer kegelförmigen Auswuchtung inspirierend auf ein wichtiges Detail des Hauses wirken: das Flaschendesign.

Adresse 1 Rue de la Procession, 51100 Reims | **Anfahrt** über D 944 oder Boulevard Pommery | **Öffnungszeiten** nach Vereinbarung, Tel. +33/326844300 oder charles@charlesheidsieck.com | **Tipp** Der Hauptsitz befindet sich auf der Allée du Vignoble 12 in Reims. Charles Heidsieck gehört mit Piper-Heidsieck zur Holding der Familie Descours. Das historische Haus Piper-Heidsieck auf dem Boulevard Henry Vasnier 51 in Reims ist zehn Fußminuten von der Rue de la Procession entfernt.

77 Der Cimetière du Nord
Der verwunschene Friedhof der Champagnerdynastien

Durch ein hohes, altes Gittertor führt der Weg zu einem der mythischsten Orte der Stadt – zum Cimetière du Nord. Schon nach wenigen Metern gelangt man zur kleinen Kapelle Sainte-Croix. Sie stammt aus dem Jahr 1788 und wirkt mit ihrem Portal aus vier Steinsäulen, den Kapitellen und dem Gesims, hinter dem sich eine kleine Kuppel erhebt, wie ein antiker Tempel. Große Namen der Champagne trugen die Reimser hier zu Grabe, Mitglieder der Winzerfamilien Heidsieck, Krug, Lanson, Pommery oder Roederer. Die berühmteste Tote liegt nur ein Stück hinter Sainte-Croix, in einer mit eklektischer Architektur reich verzierten Gruft: Barbe-Nicole Ponsardin (1777–1866), besser bekannt als Veuve Clicquot.

Der Nordfriedhof, 1787 erbaut, ist der älteste von Reims. Auf Anraten des örtlichen Hospitals legte die Stadt diesen Friedhof, der sich aus hygienischen Gründen außerhalb des damaligen Zentrums befinden sollte, einst an. Heute liegt er zwischen dem Boulevard Jules César, neben der Eisenbahnlinie, und der Rue du Champ de Mars recht zentral. Auch das Grab des Abtes Eugène Charles Miroy, Pfarrer der Gemeinde Cuchery, ist in unmittelbarer Nähe hinter Sainte-Crox zu finden. Es zeigt den Abt als Skulptur – liegend, nachdem er am 12. Februar 1871 nach dem Waffenstillstand von den Preußen erschossen worden war. Auch hohe Offiziere, wie der französische Marschall Jean-Baptiste Drouet d'Erlon, oder die Bürgermeister von Reims haben auf dem Cimetière du Nord ihre letzte Ruhestätte gefunden.

Kleine Wege, viele von Platanen und ihren hängenden Ästen gesäumt, führen durch den Friedhof mit seinen teils verfallenen oder moosbedeckten Gräbern und Sarkophagen, verwitterten Grabplatten und Stelen aus Stein und Granit. Alles scheint verwunschen. Und deshalb lockt der ruhmreiche Cimetière die Lebenden. Nur für die Toten ist kaum noch Platz. Seit 2018 gilt der Nordfriedhof als »ausgebucht«.

Adresse 1 Rue de Champ de Mars, 51100 Reims | **Anfahrt** über D 944 | **Öffnungszeiten** täglich ab 9 Uhr, Nov.–März bis 17.30 Uhr, April–Okt. bis 18 Uhr | **Tipp** Lassen Sie sich im Büro am Eingang einen kleinen Plan geben: den mit 40 Parzellen nummerierten Grundriss. Dort hilft man auch gern, wenn man wissen will, wo wer liegt. Das Büro ist 12–14 Uhr geschlossen.

78__Der Club Trésor
Die elegante Boutique der 28 Winzer

Der Name klingt wie ein Geheimbund. Doch gegenüber Gästen ist der »Club Trésor« mehr als aufgeschlossen. In der eleganten Boutique des Clubs in der Innenstadt von Reims ist jeder willkommen, der Winzerchampagner liebt und kaufen will. Verkaufen dürfen ihn allerdings nur Winzer, die Mitglied des 1971 gegründeten Club Trésor sind. Und in diesen erlesenen Kreis aufgenommen zu werden ist gar nicht so einfach: Alle Winzer müssen ihre Cuvées von der Ernte bis zum Glas vollständig in den eigenen Kellern entwickelt haben. Und sie müssen hohen Qualitätsansprüchen entsprechen, um auserwählt zu werden. Jedes Mitglied darf aus seinen besten Trauben einen Wein herstellen und in »Special-Club«-Flaschen abfüllen, die exklusiv in der Boutique verkauft werden.

Auf den Fußboden ist eine Karte gezeichnet, damit die Kunden wissen, mit welchen Weinbaugebieten sie es zu tun haben. Von der Decke hängen Flaschen, die man herunterziehen kann und die weitere Auskunft über die Weine geben. An manchen kleben Zahlen, die mit der Karte auf dem Boden korrespondieren und anzeigen, welcher Wein von welchem Winzer stammt. 200 verschiedene Cuvées bietet die Boutique an – aus allen Produktionsregionen der Champagne.

Normalerweise ist es nur an den beliebten Winzertagen, den »Printemps des Champagnes«, möglich, viele Produzenten auf einen Schlag zu treffen: Einmal im Jahr kommt im April in Reims, Épernay und den umliegenden Dörfern die Champagner-Welt zusammen, um neue Weine zu prüfen. Die Boutique Club Trésor bietet dazu eine kleine, aber feine Alternative – und das ganzjährig. Denn hier ist es möglich, Weine von 28 Winzern ausgiebig durchzuprobieren. Nicht nur an den hohen Tischen werden die Weine serviert, sondern auch auf Sesseln und dem Sofa auf blauem Flokati. Und damit man nicht beschwipst im Polster hängen bleibt, gibt's auf Wunsch einen schmackhaften Ausgleich: edelsten Käse.

Adresse 2 Rue Olivier Métra, 51100 Reims | **Anfahrt** über Boulevard Lundy, Rue Linguet und Rue du Temple | **Öffnungszeiten** Di, Mi 14–19 Uhr, Do, Fr 10.30–12.30 und 14–19 Uhr, Sa 10–19 Uhr | **Tipp** Eine Minute Fußweg entfernt, auf der Rue de Mars, befinden sich die 1929 erbauten »Halles du Boulingrin« – das Reimser Epizentrum für frische Lebensmittel. Markttage: Mi, Fr, Sa 7–13 Uhr.

79 __ G. H. Mumm
Rote Kordel und Champagnerdusche für die Formel E

Wenn bei der Formel-1-Siegerehrung aus den Lautsprechern auf Englisch »Champaaagne« tönte, konnte die Champagnerdusche losgehen, und zwar jahrelang mit einem Cordon Rouge von G. H. Mumm. Seit 1876 symbolisiert das Etikett mit der roten Kordel das Champagnerhaus. 1827 war es von den deutschen Brüdern Philipp, Jacobus und Gottlieb Mumm und zwei Kölner Geschäftsleuten in Reims gegründet worden. 1852 spaltete sich das Unternehmen in G. H. Mumm und Jules Mumm & Co., das wiederum 1910 in das Weingut G. H. Mumm überging, auf. 1922 gründete sich in Frankfurt am Main »Godefroy H. von Mumm & Co.«, benannt nach dem Enkel von Gottlieb Mumm. In Reims hingegen wuchs G. H. Mumm weiter und gehört heute mit acht Millionen verkauften Flaschen zu den größten Champagnerhäusern der Welt.

Das Haus bietet unterschiedliche Touren durch seine Räume, die Produktion, die Keller und damit die gesamte Historie an. Sie dauern im Schnitt eineinhalb Stunden. Wieviel Champagner man hinterher probieren möchte, ist nur eine Frage des Preises. Was Mumm in seinem Besuchsprogramm von anderen Champagnerhäusern unterscheidet, ist die Führung durch Notre-Dame-de-la-Paix auf dem Grundstück gleich nebenan. Die kleine Kapelle, 1966 eingeweiht, wurde vom japanisch-französischen Maler Tsuguharu-Léonard Foujita (1886–1968) aufwendig dekoriert. Hier sind Foujita und seine Frau Kimiyo auch beerdigt. Die Führung findet ausschließlich auf Französisch und Japanisch statt. Wer beides nicht versteht – kein Problem, denn danach gibt es den wohl besten Messwein der Welt zu kosten: einen »RSRV Rosé Foujita«, eine 100-prozentige Grand Cru-Cuvée. Spätestens dann verschlägt es einem ohnehin die Sprache.

Dass mittlerweile andere Champagnermarken bei der Formel 1 geköpft werden, macht G. H. Mumm nicht viel aus. Die Cordon-Rouge-Duschen schäumen jetzt bei einer zwar kleineren, aber zukunftsweisenden Rennserie: der Formel E.

Adresse 34 Rue du Champ de Mars, 51100 Reims | **Anfahrt** über D 944 am Nordfriedhof in die Rue du Champ de Mars | **Öffnungszeiten** Mo–Fr 10.30–12.30 Uhr, Mo–Do 13.30–17.30 Uhr | **Tipp** Dass G. H. Mumm es unkonventionell mag, zeigt sich auch im Park hinter dem Stammhaus. Auf der Wiese stehen lässig verstreut, manche auch umgefallen, rote Metallstühle an roten Metalltischen unter Bäumen vor zwei knallroten Schaukelstühlen und warten darauf, den erschöpften Besuchern eine angenehme Rast zu bereiten.

REIMS

80 Der Kiosk der Musik
Zwischen Bachläufen und röhrenden Hirschen

Er schimmert schon aus der Ferne mit seiner roten Farbe durch die Bäume des alten Parks namens »Parc de la Patte d'Oie«. Umgeben von hohen Pappeln, gehört der »Kiosque à musique« zum sommerlichen Vergnügen der Reimser. Regelmäßig finden dann in dem Musikpavillon Freilichtkonzerte statt. Aber auch ohne Entertainment ist er mit seinen roten, schmiedeeisernen Verzierungen und den Stützpfeilern auf steinernem Fundament ein optisches Vergnügen.

1733 wurde der 3,7 Hektar große Parc de la Patte d'Oie erbaut. Bereits damals gab es einen Kiosque à musique. Doch der war nicht gut genug. 1869 errichteten das Architektenbüro Brunette und die Pariser Konstrukteure Leturc & Baudet einen neuen, achteckigen und viel größeren Pavillon. Er fand sofort großen Anklang. Regelmäßig marschierten die Militärmusikkapellen auf, um unter seinem Dach zu spielen. In der zweiten Hälfte des 20. Jahrhunderts verlor der Kiosque an Popularität, und so war es nur eine Frage der Zeit, bis auch seine Schönheit bröckelte. Bis er 1994 restauriert wurde. Heute ist er Teil des historischen Ensembles des im Park ansässigen Nationaltheaters »Le Manège« und des »Cirque de Reims«. Neben ihm befinden sich Spielplätze, dazu eine Felsenlandschaft en miniature und künstliche Bachläufe, an denen sich laut schnatternde Enten erfreuen. Am Ufer stehen zwei Hirsche, der Bezwinger in röhrender Pose, der Bezwungene am Boden in Stille – beide gusseisern.

Für seine Historie und Ästhetik hat der Park 2019 vom französischen Kultusministerium das Label »Jardin remarquable« erhalten. Der Titel wird für fünf Jahre vergeben. Eher unbekannt dürfte sein, dass der Musikpavillon inoffiziell ganz anders heißt, nämlich »Kiosque Anna Politkovskaïa«. Die russische Journalistin, geboren 1958, wurde am 7. Oktober 2006 in Moskau ermordet. Eine Gedenktafel am unteren Mauerwerk des Pavillons erinnert an sie.

Adresse Parc de la Patte d'Oie, 51100 Reims | **Anfahrt** über Boulevard Louis Roederer | **Öffnungszeiten** täglich 9–18 Uhr | **Tipp** Der im Park gelegene »Cirque de Reims« am Boulevard du Général Leclerc ist eine Multifunktionshalle mit 800 Plätzen. Optisch hat sich der Zirkus mit seiner roten Back- und Kalksteinfassade und den 16 gusseisernen Säulen, die das Dach tragen, seit 1865 kaum verändert. Regelmäßig finden Vorstellungen statt.

81 La Husselle

Frankreichs längste Street-Art-Wand

Eine sehr freundliche Gegend ist das Industriegebiet Port Sec gerade nicht. Doch für Street-Art ist das ebenso heruntergekommene wie dynamische Viertel in jedem Fall der richtige Platz – vor allem die einst triste Wand, die »Mural«, die an der Rue de la Husselle viele Jahre traurig und nackt herumstand. Das sollte anders werden: Die französische Bahn SNCF stellte die Mauer kurzerhand für ein einzigartiges Kunstprojekt zur Verfügung. Im Juni 2017 kamen 60 Street-Art-Künstler aus aller Welt zusammen, Profis wie Amateure, und schufen in einer 72-Stunden-Aktion auf den 840 Quadratmetern ein gigantisches Straßenkunstwerk. Die 400 Meter lange Mauer gilt als die längste Street-Art-Mural Frankreichs.

Vor allem Reimser Eigengewächse, die mittlerweile international bekannt sind, haben sich an ihr ausprobiert: Arno Kusek und Boutros Boutros Bootleg, deren Werke auch Mauern in Berlin, Hamburg, Paris, Brüssel und New York zieren und die in Reims in der Rue Gambetta in einer Galerie mit dem wunderbaren Namen »Boutique Éclat« ausstellen; Iemza, dessen Bilder an Bleistiftskizzen erinnern; Xela, der hauptsächlich Schablonen verwendet; und schließlich Céz Art, der mit seiner Post-Pop-Kunst stark figurativ arbeitet, in englischen und französischen Galerien ausstellt und mit eigener Website auftritt.

Weil die Szene so stark ist, kommen auf Wunsch der Stadt immer mehr große Straßenkünstler nach Reims, um die grauen Flächen mit Farbe und Sinn zu füllen. Zum Beispiel C215 alias Christian Guémy, der als »Banksy Frankreichs« zu den Top-Street-Artisten gehört und sich in Reims vorzugsweise an Strom- und Postkästen verewigt.

Oder der Pariser Street-Art-Star Charles Leval alias Levalet, der in Reims mit sogenannten Paste-ups originelle kurze Bildergeschichten mit Menschen erzählt und auch schon in Berlin ausgestellt hat. Trotz seines Galerieerfolgs steht aber natürlich für ihn fest: Den Straßen bleibt er treu.

Adresse ZI Port Sec – La Husselle, 51100 Reims | **Anfahrt** von der Innenstadt über die Pont Neuf rechts in die Rue de la Husselle oder über die Rue Léon Faucher | **Tipp** Wer Zeit hat, sollte unbedingt eine geführte Tour durch das Street-Art-Viertel mitmachen, Dauer zweieinhalb Stunden, 15 Euro pro Person; zu buchen beim Office de Tourisme an der Rue Rockefeller 6, Tel. +33/326774500.

82 Lanson
In der Stadt wächst der beste Wein

Der englische Königshof trinkt ihn, die Fürstenfamilie von Monaco auch – Champagner von Lanson. Doch geadelt wird er nicht auf Samtkissen und bestickten Königstischdeckchen, sondern im Keller im Südwesten von Reims: Als Chef de Caves zaubert Hervé Dantan (Foto) jedes Jahr neue edle Tropfen aus seinen Fässern. Reinheit, Frische, Eleganz und Potenzial zum Altern, das macht seinen Champagner aus. Wer das Glück hat, mit ihm eine Weinprobe zu machen, wird hinterher nicht nur mehr über Champagner wissen und wahrscheinlich ein wenig heiterer sein, sondern auch einen der schönsten Keller der Stadt gesehen haben.

1760 wurde das Haus von François Delamotte gegründet – mit Weinbergen in Cumières und Aÿ. Nach seinem Tod übernahm sein Geschäftspartner Jean-Baptiste Lanson. Heute gehört Lanson zu den 20 größten Champagnerhäusern. Hervé Dantan wurde 2015 zum Kellermeister ernannt. Die einstündige Besichtigung führt vorbei an Edelstahltanks mit Weinen aus Grand-Cru-Lagen, weiter durch geschickt ausgeleuchtete Gewölbe und lange Gänge mit vergitterten Seitenarmen, hinter denen alte Flaschen und Fässer lagern oder Schutzheilige wachen, bis in den großen, eleganten Lagerraum, in dem die aktuellen Weine in Holzfässern reifen.

Vom Keller schließlich geht's die Stufen hinauf und hinaus an die frische Luft zur viel gefeierten Parzelle »Le Clos Lanson«. Der Blick von hier auf das am Ende des Weingartens liegende 20-stöckige Wohnhaus ist mit Sicherheit nicht so erhebend wie jener von den Balkonen herunter. Aber der Rebberg ist, von welcher Seite auch immer betrachtet, der einzige der Stadt von solcher Spitzenqualität: Der Chardonnay reift auf dem kalkhaltigen Plateau über Reims besonders gut, denn hier ist es im Schnitt zwei Grad wärmer als sonst wo in der Champagne. Kein Wunder, dass der Inhalt einer Flasche »Clos Lanson Blanc de Blancs« genauso erlesen ist wie ihr Preis.

Adresse 66 Rue de Courlancy, 51100 Reims | **Anfahrt** über A 344, Ausfahrt Courlancy | **Öffnungszeiten** Mo–Fr 8.30–12.30 und 13.30–18 Uhr, nach Vereinbarung | **Tipp** Vom Haupteingang geht es gegenüber in die Rue Passe-Demoiselles zum Parc Léo-Lagrange. Er wurde 1978 vom Landschaftsarchitekten Jacques Sgard erbaut und ist der größte Park der Stadt – mit Spielplätzen, See und anspruchsvollem Skatepark.

83 _ Les Crayères
Putten und träumen unter hohen Ahornbäumen

Es ist keine Frage: Das »Les Crayères« gehört zu den elegantesten Hotels der Stadt – manche halten es sogar für das beste. Es bietet genau das, was anspruchsvolle Gäste von einem französischen Luxushotel erwarten: ein kleines Château in idealer Stadtlage im Stil der Jahrhundertwende mit klassizistischer Fassade, Statuen und Schieferdach, dazu edles Interieur und Mobiliar sowie exzellentes Personal und innovative Küche. Kurzum: ein Hotel wie aus dem Bilderbuch. Die Zimmer variieren von »Premium« über »Superior« bis »Deluxe« und »Prestige«. Oder man schläft in dem Cottage mit eigener Terrasse nur wenige Schritte vom Château entfernt. Getafelt wird im Crayères: Küchenchef Philippe Mille und sein Gourmet-Restaurant »Le Parc« schmücken zwei Michelin-Sterne, und auf der Weinkarte stehen über 400 Champagner, für die Chefsommelier Philippe Jamesse sogar eigene Gläser hat anfertigen lassen. Angesichts dieses Komforts wundert es nicht, dass manche gar von einem mythischen Hotel sprechen. Aber Achtung: Mythisch sind auch die Preise.

Das Sympathische ist: Trotz aller Elite und gehobenen Klasse ist das Crayères offen für alle Besucher – vor allem, was die alte Club-Bar mit Stuck, Lüstern und holzvertäfelten Wänden und die große Veranda zum Park angeht. Am Eingang zur Terrasse befinden sich links und rechts zwei kleine Putting-Greens, wo es sich herrlich entspannt einlochen lässt. Die Putter samt Golfball kann sich jeder gratis an der Rezeption leihen.

Direkt an den Greens beginnt der Parc de Crayères. Die Wiese führt hinunter zum Musikpavillon, umgeben von großen Kastanien und Ahornbäumen. Wer im Sommer anreist, sollte die Konzerte, die hier stattfinden, nicht verpassen. Sobald die Musik ertönt, strömen die Einheimischen mit Familie und Freunden aus allen Ecken der Stadt zusammen, bringen Decken und Getränke mit, setzen und legen sich auf die Wiese – und lauschen verträumt den Klängen.

Adresse 64 Boulevard Henry Vasnier, 51100 Reims | **Anfahrt** über die D 944 | **Öffnungszeiten** ganzjährig geöffnet | **Tipp** Schräg links über die Wiese des Parc de Crayères liegt die Brasserie »Le Jardin« – nicht so kostspielig wie »Le Parc«, aber auch sehr gut. Als Vorspeise gibt es eine städtische Spezialität: Jambon de Reims, eine Art Kochschinken aus der Schweineschulter.

84 Les Hautes Promenades
Halb Flaniermeile, halb Central Park

Da ist den Reimsern ein stadtplanerischer Coup gelungen: Mit der jüngsten Renovierung der Hautes Promenades zwischen Boulevard Joffre und Boulevard Foch haben sie Kinder, Jugendliche und Erwachsene jeden Alters wieder in die Mitte der Stadt gelockt. Wer hierherkommt, flaniert oder verweilt auf einer der Bänke oder Hängematten, schwingt in einer der sechs Schaukeln, picknickt an einem der Tische oder faulenzt ganz einfach auf der Wiese unter den Eichen, Kastanien oder Platanen. Wenn das Wetter mitspielt, wird an der einen Kilometer langen Promenade rund um die Grünfläche wie kaum an einem anderen Ort der Stadt sichtbar, wie vielfältig, facettenreich und kulturell unterschiedlich die Menschen sind, die in Reims leben.

Das Promenadenensemble war Mitte des 19. Jahrhunderts angelegt worden und immer schon so etwas wie die Freizeitstätte von Reims. Später, nach dem Zweiten Weltkrieg, kamen das Denkmal für die Märtyrer des Widerstands während der deutschen Besatzung und das Kriegsdenkmal für den Befreiungskampf zwischen 1944 und 1945 hinzu. Im Zuge der Renovierung verschwand 2020 der vergammelte Parkplatz an der Grünanlage. Auch der Square Colbert mit der von Eugène Guillaume 1860 angefertigten Statue von Jean-Baptiste Colbert, dem Finanzminister von Louis XIV., gegenüber dem Bahnhof wurde verschönert. Attraktiv für die Kinder sind heute vor allem die neu im Boden eingelegten 25 Düsen des »Wasserspiegels«: Nichts scheint bei heißen Temperaturen schöner zu sein, als über das von Wasserschwaden umhüllte Plateau zu hüpfen.

Viele Reimser erinnert die bunte und verspielte Atmosphäre, die hier herrscht, an die großen Stadtparks von London und New York. Nun, auch wenn die Hautes Promenades nicht mit deren Größe und Image mithalten können, haben die Reimser »ihrer« Flaniermeile bereits einen kosmopolitischen Spitznamen verpasst: Central Park.

Adresse Les Hautes Promenades, 51100 Reims | **Anfahrt** zwischen Boulevard Foch und Boulevard Joffre | **Tipp** Am Boulevard Foch gibt es schöne Wohnhäuser im Art-déco- und Haussmann-Stil. Im Erdgeschoss von Haus Nummer 23 beispielsweise ist eines der seltenen ovalen Fenster aus dieser Epoche zu sehen und am Hauseingang von Nummer 29 eine mit zeittypischen Ornamenten verzierte Gittertür.

85 Das Palais du Tau
Karls Talisman und das berühmte Salbenfläschchen

Das Palais steht nicht nur optisch im Schatten der Kathedrale von Reims, in der alle Könige Frankreichs gekrönt wurden, sondern auch hinsichtlich seiner Popularität. Dabei wäre niemandem je die Krone aufgesetzt worden, hätte er die Nacht zuvor nicht im Palais du Tau verbracht. Hier schliefen die zukünftigen Könige, hier wurden sie massiert, gepudert und edel eingekleidet – und ohne das Palais wäre der Staatsakt eine ziemlich langweilige Party geworden. Denn nach der Krönung wurde dort tüchtig gefeiert. Tempi passati! Heute beherbergt der erzbischöfliche Palast Frankreichs größte Königsschätze.

Die Anlage ist eine Mischung aus romanischer, gotischer und klassizistischer Architektur. Der Weg durch die Gänge strahlt immer noch etwas Majestätisches aus. Der älteste noch erhaltene Teil ist die Kapelle von 1207. Das Palais wurde um 1500 auf dem Grund einer gallorömischen Villa errichtet. Der Name stammt vom Grundriss in Form eines »T«, auf Griechisch »Tau«. Drinnen, im Musée de l'Œuvre, befindet sich die größte Skulpturensammlung des Landes. Auch die Wandteppiche im »Salle de Tau« mit seinem riesigen Kamin aus dem 15. Jahrhundert beeindrucken.

Zu den wichtigen Einzelstücken der Schatzkammer zählen das Krönungsgewand Karls des Großen, der Kelch des heiligen Remigius und die »Sainte Ampoule«, ein winziges Glasfläschchen, das für die Salbung der Könige genutzt wurde. Höhepunkt ist der »Talisman Karls des Großen«: Ob das mit Gold und Edelstein verzierte Medaillon einst wirklich am Hals des Frankenkaisers baumelte, ob ein Haar der Muttergottes in ihm verborgen war oder ob der Holzsplitter, der sichtbar in ihm steckt, tatsächlich vom Kreuze Christi stammt, ist nicht gewiss. Sicher ist, dass Karls Berater Alkuin (735–804) der Talisman-Kult nicht gefallen hätte: »Es ist besser, die Vorbilder mit dem Herzen nachzuahmen, als ihre Knochen in Säckchen herumzutragen.«

Adresse 2 Place du Cardinal Luçon, 51100 Reims | **Anfahrt** über Rue Voltaire, an der Kathedrale Notre-Dame | **Öffnungszeiten** Di–So 9.30–18.30 Uhr | **Tipp** Die beste Aussicht auf den Palast hat man oben auf dem Turm der Kathedrale von Reims. Turmführungen finden mehrmals täglich zwischen 7.30 und 19.30 Uhr statt. Und wer hochsteigt, erhält auch einen seltenen Einblick in den Dachstuhl der berühmten Kirche.

86 Der Parc de Champagne
Kettensägenmassaker, Techno und Cyclocross

Jede Stadt hat ihre Lunge, und Reims hat den Parc de Champagne. Der Park wurde 1907 vom Landschaftsarchitekten Édouard Redont entworfen und war zunächst nur den Mitarbeitern des Champagnerhauses Pommery zum Freizeitvergnügen vorbehalten. Deswegen hieß er zunächst Parc Pommery, öffnete sich dann aber langsam. Vor allem Sportler trainierten in dem grünen Areal – unter Anleitung von Georges Hébert (1875–1957), dem Begründer der Méthode Naturelle, die vorsah, die unterschiedlichsten Disziplinen in der Natur zu trainieren. Auch Jean Bouin (1888–1914) war damals dabei, einer der ersten französischen Superstars der Leichtathletik.

Noch heute finden im Park Wettkämpfe statt, von Fußball über Beachvolleyball und Nordic Walking bis zum Cyclocrossrennen und Pferdesport. Zuletzt gab es ein besonderes Championat: die französische Meisterschaft im Skulpturen-Kettensägen, bei der zwölf Bildhauer unter lautem Motorengejaule aus gewaltigen Baumstämmen feingliedrige Figuren formten.

Ob Profi oder Amateur, alt oder jung – für jeden findet sich etwas im Park, darunter Schach- und Bouleplätze, ein Rugbyfeld, eine Fitnessanlage, ein Baumkletterbereich für Kinder und zur warmen Jahreszeit wöchentliche Picknick-Konzerte. Hunde sind auch kein Problem. Sie dürfen in bestimmen Zonen frei herumlaufen. Und auch mit seinen Kräutergärten für Naturliebhaber und seinen vielen Wiesen und Wegen für Faulenzer und Flaneure zeigt sich der Parc de Champagne als grüne Lunge für alle.

Höhepunkte im Sommer sind die großen Konzerte: das seit 2017 bestehende »Magnifique Society Festival« mit Techno, Indie, Punk, Hip-Hop und Pop auf mehreren Bühnen. Und die »Flâneries de Reims«, die es seit 1990 gibt. Dann gaben sich Größen wie die Sopranistin Wilhelmenia Fernandez oder Streicher wie Yehudi Menuhin oder Mstislav Rostropovich ein Stelldichein – die möglicherweise schönsten »Saiten« des Parks.

Adresse 10 Avenue du Général Giraud, 51100 Reims | **Anfahrt** über Avenue Henri Farman | **Öffnungszeiten** Mi–So 10–17 Uhr | **Tipp** Wer durch den Park läuft, sollte einen Blick in die Bücherregale – kleine rote Kästen – werfen. Man darf die Bücher gratis mitnehmen oder kann sie auf der Bank, die meist direkt danebensteht, sofort lesen.

REIMS

87 Die Porte de Mars
Wo Zeus die Königstochter Leda schwängert

Wer mit dem Namen Durocotorum nichts anfangen kann, sollte mal wieder Asterix lesen. Auf ihrer »Tour de France« machen der gallische Held und Obelix halt in der Hauptstadt der römischen Provinz Belgica, leeren einige Amphoren Wein und strecken mit einem kräftigen Korkenschuss gleich einen Legionär zu Boden. Durocotorum, der römische Name für Reims, war schon in der Antike als Weinstadt bekannt. Anfang des 3. Jahrhunderts bauten die Gallier zu Ehren von Kaiser August in der heutigen Innenstadt einen monumentalen Torbogen, die Porte de Mars, 13 Meter hoch und 32 Meter breit. Er ist damit, mittlerweile frisch restauriert, der größte seiner Art außerhalb von Rom.

Bis Mitte des 16. Jahrhunderts diente die Porte de Mars als Stadttor, umgeben von einer Mauer. Kutschen und Fahrzeuge fuhren unter dem zentralen Bogen hindurch. Die noch immer sichtbaren Rillen, die die Räder am Boden hinterließen, deuten darauf hin. Die Seitenbögen waren den Fußgängern vorbehalten. Korinthische Kapitelle und zahllose Reliefs schmücken die Fassade. Motive aus der Landwirtschaft und dem Weinbau sind zu sehen, darunter die Heu- und Apfelernte oder das Keltern der Trauben. Zeus ist abgebildet, wie er sich als Schwan Prinzessin Leda nähert, um sie zu schwängern. Auch Romulus und Remus fehlen nicht. Sie gründeten bekanntlich nicht nur Rom, sondern waren auch die Kinder der Priesterin Rhea Silvia und des Kriegsgottes Mars, nach dem der Bogen benannt ist.

Heute ist die »Porte« Teil einer großen Fußgängerzone. Von fern bimmelt die Straßenbahn, das Plätschern der Brunnen ist zu hören und manchmal auch die Parolen der Menschen, die sich vor dem römischen Tor auf dem Place de la République zu Demonstrationen versammeln.

Die Römer sind schon lange fort. Doch die kleinen Halbfingergeckos, die in den Ritzen des Bogens Verstecken spielen, vertreibt so schnell niemand.

Adresse Place de la République, 51100 Reims | Anfahrt über Boulevard Foch und Boulevard Desaubeau oder Place de la République | Tipp Neben dem Torborgen steht der Kiosk »Chez Dom«. Dort gibt es für den kleinen Hunger und kleines Geld köstliche Snacks mit Zutaten von lokalen Erzeugern: Burger, Paninis, Baguettes, Croque-Monsieurs, Sandwiches und Saucisse frites fraîches.

88 Ruinart

Und Sonntagmorgen zum Champagner-Brunch!

Als der junge Benediktiner Dom Thierry Ruinart (1657–1709) sah, wie die Adligen in Paris »Wein mit Perlen« literweise in sich hineinschütteten, verständigte er sofort seine Familie. Sie hatte bis dahin ihr Geld im Tuchhandel verdient. Der Mönch überzeugte sie, ab sofort verstärkt in Champagner zu investieren. 1729 eröffnete sein Neffe Nicolas Ruinart das Champagnerhaus in Épernay. 1769 übernahm sein Sohn Claude die Führung und zog nach Reims um. Nach 200 Jahren Familienbesitz gehört Ruinart heute zu »Moët Hennessy – Louis Vuitton« und zählt zu den feinsten Marken der Champagne.

Vor allem: Es ist das älteste Champagnerhaus der Welt. Im alten Rechnungsbuch sind erste Verkäufe im Januar 1729 notiert (Foto). 1764 verschickte Ruinart laut den Aufzeichnungen erstmals seinen heute berühmten Rosé-Champagner »Œil de perdrix« ins Ausland: 60 der kupferrot leuchtenden Flaschen gingen an den Herzog zu Mecklenburg-Strelitz.

Nicht nur das Hauptgebäude an der Rue de Crayères mit seinem Restaurant, Verkostungssalon, der Bibliothek und dem Tischkicker, an dem statt Figuren Champagnerflaschen den Ball ins Tor zwirbeln, ist einen Besuch wert, sondern vor allem die Keller. In den höhlenartigen Kreidebrüchen sind in 38 Meter Tiefe Tausende von Flaschen auf der »Entreillage«, auf Holzschienen, gebettet. Ein »Dom Ruinart« lagert bis zu acht Jahren. Die Kellerführung dauert zwei Stunden inklusive Verkostung. Am Wochenende kann man mit Freunden und Familie auch einen Brunch in der Maison Ruinart buchen.

Im Ehrenhof des Hauses steht seit 1999 die Bronzestatue von Dom Ruinart. Er hält Feder und Notizbuch in den Händen. In diesem Buch muss er auch notiert haben, wie er einst »in riesigen Höhlen mit riesigen Fässern alten und neuen Wein« probiert hatte. Von den heutigen Kellern »seines« Hauses hätte er sicher genauso geschwärmt. Ruinart hat sie erst Mitte des 18. Jahrhunderts dazugekauft.

Adresse 4 Rue des Crayères, 51100 Reims | **Anfahrt** über D 944 oder Boulevard Pommery | **Öffnungszeiten** nach Vereinbarung, März – Nov. Di – Sa; 15. Nov. – 15. März Mo – Fr; 15. Dez. – 15. Jan. geschlossen | **Tipp** Im Ruinart-Keller ist die Installation »Retours aux Sources« der Künstler Maya Mouawad und Cyril Laurier zu sehen. Sie ist einer riesigen Wurzel nachempfunden und mit Daten der Weinberge, Produktion und des Klimas gefüttert. Je nach Jahreszeit reagiert die Wurzel auf die eingespeisten Indikatoren »emotional« – mit Licht und Klang.

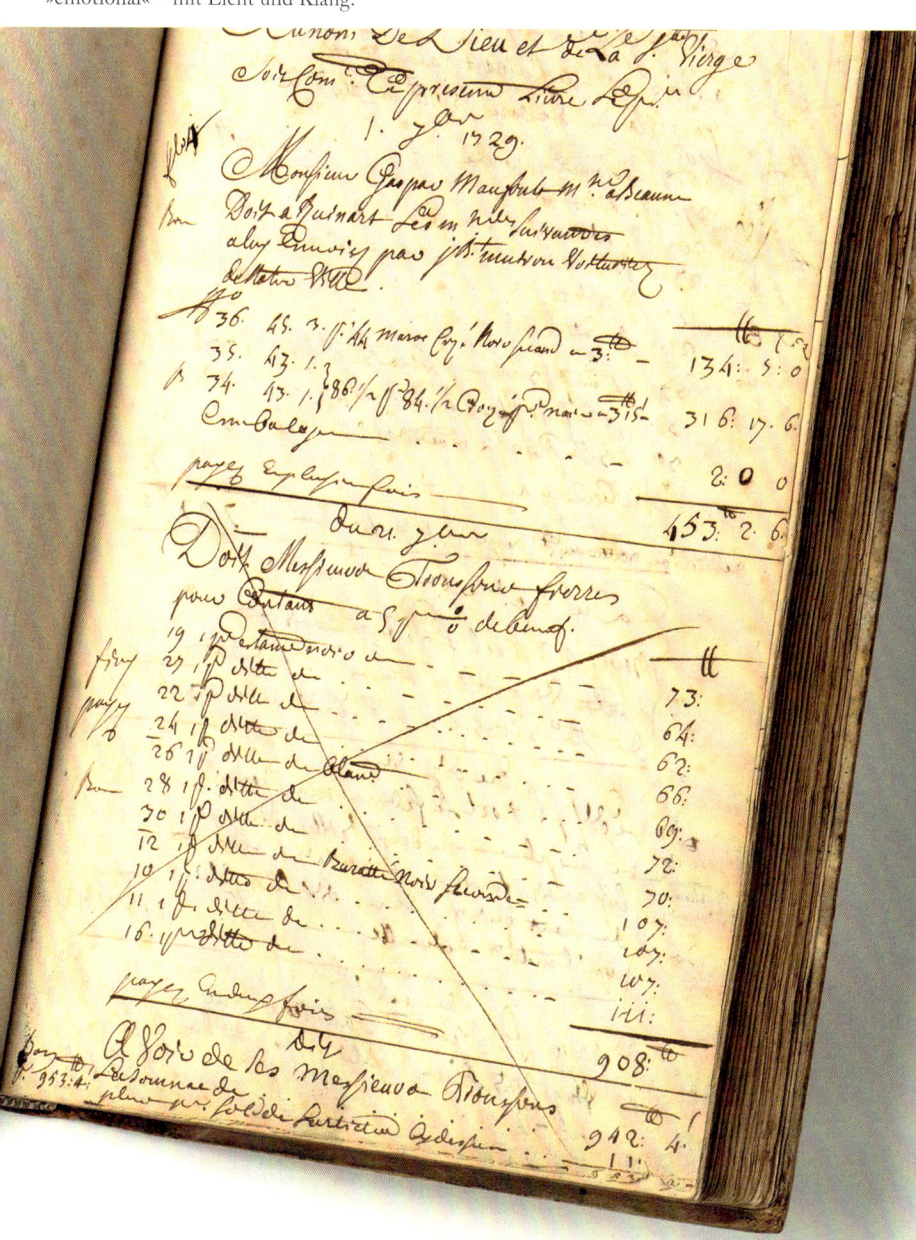

89 Der Salon Degermann

Der Mini-Spiegelsaal von Versailles

Ohne Eugène Degermann gäbe es dieses Original aus der Frühzeit des Art déco nicht. Schon zur Jahrhundertwende galt Degermann als der »grand traiteur«, der große Caterer, von Reims. Ihm schwebte ein herausragendes Gebäude vor, in dem man so richtig feiern konnte. So entstand nach den Plänen des Architekten Charles Boesch auf der Rue Buirette im Jahr 1900 der nach ihm benannte elegante Salon Degermann.

Eine zweigeteilte Marmortreppe führt an einem schmiedeeisernen Geländer in den Speise- und Tanzsaal hinauf. Im großen Salon sind die Wände mit hohen und breiten Spiegeln ausgestattet. Die glitzernde Wirkung wird durch die zahlreichen zartgrauen und rosafarbenen Verzierungen des französischen Ornamentkünstlers Charles Wary an den Wänden und der Decke verstärkt. Manche sehen den Salon Degermann heute als eine Art Miniaturvariante des Spiegelsaals im Schloss von Versailles und nennen ihn deswegen ganz ungeniert »un petit Versailles«.

Wie viele Bauwerke in Reims wurde auch der Salon Degermann im Ersten Weltkrieg schwer beschädigt und erst 1922 wiedereröffnet. Die letzte Restaurierung fand 2015 statt. Heute ist der Salon mit seinem Speisesaal für 250 Personen und seinem großen Tanzparkett ein beliebter Ort für gesellschaftliche und private Veranstaltungen wie Hochzeiten und Jubiläen. Auch Theater und amüsant schräges Kabarett wird hier aufgeführt.

Ein Stockwerk tiefer, in der Pianobar »As before«, ist fast jeden Tag was los. Mit französischen und internationalen Jazz-Pianisten, Gitarristen, Saxofonisten, Cellisten und Sängern verbreitet die Bar Londoner Clubatmosphäre. Und mit ein bisschen Würfelglück können Gäste beim Barkeeper den Betrag ihrer Rechnung gewinnen: Wer eine bestimmte Augenzahl, unter Videoüberwachung und strenger Einhaltung der Regeln, auf der »piste de dés« würfelt, erhält einen Gutschein über den Wert seiner Quittung. Bonne chance!

Adresse 35 Rue Buirette, 51100 Reims | **Anfahrt** über Rue de la Magdeleine und Rue de l'Arquebuse | **Öffnungszeiten** Mo–Fr 9–12 und 13.30–18 Uhr, Pianobar Di–Do 17.30–1 Uhr, Fr, Sa 17.30–3 Uhr | **Tipp** Links vor dem Haupteingang befindet sich das Restaurant »La Loge«, eine Mischung aus Bistro und Club – mit klimatisierter Zigarrenlounge. Noch vor Mitternacht wird auch hier gute Musik aufgelegt; Mi–Sa ab 18.30 Uhr.

REIMS

90 The Glue Pot
Die britisch-französische Champagnerkultkneipe

In diese Kneipe geht jeder, der gute Livemusik hören, zu angemessenen Preisen Hausgemachtes essen und Vielfältiges trinken möchte. Denn in »The Glue Pot« zeigt sich wie kaum an einem anderen Ort in Reims, wie gut Champagner, Carpaccio und Lachstartar mit Burger, Bier und fetten Fritten zusammenpassen. Seit seiner Eröffnung 1970 hat sich der »Kleb-Topf« mit seiner Mischung aus britischem Pub, amerikanischem Diner und französischer Weinbar einen Ruf als Kultkneipe erworben.

Durch den Eingang mit den rot-grünen Türen und der Aufschrift »Home Made Food« geht es an der klassischen Teakholztheke vorbei nach hinten wie in einen Schlauch. Wer dann sitzt, sieht rot. Denn nicht nur die Polster der Bänke sind rot, sondern auch die relativ flache Decke und der gemusterte Teppich. Und was dann beim Blick auf die Getränkekarte für einen traditionellen Pub höchst ungewöhnlich, wenn nicht sogar absurd wäre, ist hier normal: Über 100 Champagner sind auf der Karte gelistet, 22 bis 500 Euro pro Flasche, dazu 50 verschiedene Whiskys und diverse Cocktails.

Auch beim Bier lässt sich The Glue Pot nicht lumpen. Selbstverständlich gibt es französisches, aber auch amerikanisches, dänisches, deutsches, englisches, mexikanisches und niederländisches Bier. Und bis zu 40 Sorten belgisches »Bière« mit schwungvollen Namen wie »Cuvée des trolls« und »Cantillon Rosé de Gambrinus«.

Wer nun glaubt, die Leute kämen nur zum Saufen, der irrt. Auch das Essen ist außergewöhnlich für einen Pub dieser Art – so wie der Küchenchef: Den Eigentümern Stéphane Arion und Ambre Chêne gelang es, Sébastien Cartier als Chef de Cuisine zu gewinnen. Der hatte bereits in den Spitzenküchen des Les Crayères in Reims und des Londoner Hélène Darroze gearbeitet. Von Burger über Ente bis Fisch und Lamm ist alles zu haben. Auch Kindermenüs: ein »Steak haché«, also Rinderhacksteak. Oder eine Wurst, die heißt, wie sie im Deutschen klingt, wenn man sie isst: Knack!

Adresse 49 Place Drouet d'Erlon, 51100 Reims | **Anfahrt** an der Subé La Fontaine, der goldenen Engelsstatue, am Place d'Erlon | **Öffnungszeiten** Mo–Sa 10–2 Uhr | **Tipp** Wer Hunger hat, sollte zu den »Incontournables du Glue Pot« greifen: Zu den »Unvermeidlichen« gehören der Black Angus Burger, das Big Boy Burger Special und die Schweinerippchen mit hausgemachten Pommes frites. Wer kein Fleisch will, wähle den Bagel végétarien. Und wer von Pubs nicht genug bekommt, gehe ein Stück weiter zum Place Drouet d'Erlon 81 ins »Mr. Fogg's«.

91 Vranken-Pommery
Louises Liebe für Wein und Kunst in Kreidestollen

Wie so oft in der Champagne hatte auch dieses Mal eine pfiffige Witwe ihre Hände im Spiel: Als ihr Mann Louis-Alexandre Pommery starb, verwandelte Louise alias Veuve Pommery 1858 die Reimser Domaine in ein Champagnerimperium: Madame ließ ein gewaltiges Gebäude mit Bergfrieden, Türmen und Zinnen im elisabethanischen Stil errichten. Sie legte den exklusiven Weinberg »Clos Pompadour« an und verband die antiken Kreidesteinbrüche mit unterirdischen Gängen. Die Römer hatten sie einst zur Lagerung ihrer Weine in die Felsen geschlagen. Louise war damit eine der Ersten, die die geniale Idee der Römer wiederentdeckt und als Erlebnis der Öffentlichkeit zugänglich gemacht haben.

Schon die Eingangshalle ist gefüllt mit Champagnerkult und Kunst: Neben abstrakten Gemälden, einem wild beklebten Formel-1-Rennwagen und Skulpturen, wie einem lebensgroßen Elefanten, der kopfüber auf seinem Rüssel balanciert, dominiert das Fass »Le Grand Foudre« mit seinen 75.000 Litern und den Schnitzereien des Jugendstilkünstlers Émile Gallé. Am Ende der Halle führt eine spektakulär mit Lichtspielen illuminierte Treppe hinab zu den 120 Kreidebrüchen in 30 Meter Tiefe. Schon durch die langen Gänge zu laufen, die sich labyrinthartig 18 Kilometer durch das unterirdische Reich schlängeln, ist ein Vergnügen. Oben an den Wänden sind Fresken zu bestaunen, in kleinen Seitenkellern lagern Flaschen von 1904, und am unteren Mauerwerk harren die Ratten – aus Stein.

Die zeitgenössischen Ausstellungen in den Kreideminen wechseln. Mal ist es eine 30 Meter hohe Lüftungsrohr-Installation der britischen Künstlerin Holly Hendry, mal sind es Tausende von leeren Patronenhülsen, die der Norweger Matias Faldbakken als Anspielung auf die Rüstungsindustrie inszeniert hat. Der alten Witwe hätten sie gefallen. Sie sind in dem Kreidebruch ausgestellt, der nach ihr benannt ist: Louise Pommery.

Adresse 5 Place du Général Gouraud, 51100 Reims | **Anfahrt** über D 944 | **Öffnungszeiten** täglich 10–13 und 14–18 Uhr, Führungen unter Tel. +33/326616256 oder visites@vrankenpommery.fr | **Tipp** Wollen Sie an einer Verkostung teilnehmen, versuchen Sie, einen Termin in den Salons der schlossartigen Domaine neben den Kellern zu buchen. Zwei oder drei Gläschen Pommery im Tudor-Ambiente kommen einer Reise in die Gründerzeit des Hauses gleich.

92 Das Widerstandsmuseum
Der berühmteste Tisch der Kapitulation

Mit einer gewissen Ehrfurcht betritt man den Kartenraum und blickt gleich auf den langen, breiten und schlichten Holztisch. Das ist er also, der Tisch, an dem Geschichte geschrieben wurde und an dem sich die Welt nach der schlimmsten Kriegskatastrophe zum Besseren veränderte. Näher als zwei Meter kommt man nicht an ihn heran, denn er ist hinter hohen Glasscheiben gesichert. Die 15 Holzstühle um ihn herum stehen immer noch in der gleichen Position wie 1945. Allerdings ist heute jeder mit einem Namen versehen, nämlich der französischen, englischen, amerikanischen und deutschen Offiziere und Repräsentanten, die sich in Reims in der Nacht vom 6. zum 7. Mai 1945 an diesem Tisch im »Obersten Hauptquartier der Alliierten Expeditionsstreitkräfte« versammelt hatten. Um 2.41 Uhr war es so weit. Der deutsche Generaloberst Alfred Jodl unterschrieb im Auftrag von Großadmiral Karl Dönitz die bedingungslose Kapitulation aller deutschen Truppen. Auf Wunsch von Stalin fand tags darauf in Berlin-Karlshorst eine zweite Unterschriftenrunde statt. Am 8. Mai 1945 war das Ende des Zweiten Weltkriegs endgültig besiegelt.

Der gesamte Raum steht heute unter Denkmalschutz. Er ist Teil des 1985 eröffneten Widerstandsmuseums, des »Musée de la Reddition«, welches sich neben den Räumlichkeiten des Lycée Polyvalent Franklin Roosevelt befindet, dem ehemaligen Gebäude des Alliierten-Hauptquartiers. Gerade wegen seiner unscheinbaren Lage hinter dem Hauptbahnhof von Reims hatten die Alliierten die vormalige Schule ausgesucht.

Der geschichtsträchtige Raum hat im Laufe der Zeit nichts von seiner Aura eingebüßt. Das Museum hat ihn originalgetreu erhalten. An den Wänden hängen immer noch die großen Kriegs- und Landkarten, die »Battle Map« und »Operations Map«. Und selbst die Aschenbecher stehen noch auf dem Tisch. Fast könnte man meinen, die Offiziere hätten gerade erst den Raum verlassen.

Adresse 12 Rue Franklin Roosevelt, 51100 Reims | **Anfahrt** hinter dem Hauptbahnhof, über D944 | **Öffnungszeiten** täglich 10–12 und 14–18 Uhr; Di geschlossen | **Tipp** Direkt neben dem Museum befindet sich das Lycée Polyvalent Franklin Roosevelt. Historisch interessant ist das Gittertor am Eingang. Es stammt noch aus der Zeit, als Sieger und Besiegte durch das Tor schritten.

REUVES (CÔTE DE SÉZANNE)

93 Das Marais
Durch die Sümpfe der Zeitgeschichte

Wer hier wandern möchte, braucht festes Schuhwerk, Orientierungssinn und die Vernunft, nicht auf die Idee zu kommen, die vorhandenen Trampelpfade zu verlassen. Das »Marais de Saint-Gond«, direkt am Fluss Petit Morin, liegt mitten im Herzen eines Sumpfgebiets, das sich über 17 Quadratkilometer von Chenevry und Oyes über Saint-Gond und Reuves bis nach Vert-la-Gravelle erstreckt. Diese mehrere tausend Jahre alte Landschaft mit ihren seltenen Raubvögeln, wie den Sumpfeggen, den grünen Fröschen und den ungewöhnlichen Pflanzen, beispielsweise den Glanzkräutern, oder mit ihrem vom Menschen geschaffenen Torfmoor bildet einen einzigartigen Mikrokosmos.

Auch wenn in den vergangenen Jahren die von den Sümpfen bedeckte Fläche erheblich zurückgegangen ist, bleibt das Marais bis heute ein wichtiger Bestandteil der regionalen Wasserversorgung. Zudem wird es archäologisch immer wichtiger: Seit 2011 graben Forscher in den Sümpfen von Saint-Gond nach Spuren des Neolithikums. Sie entdeckten Feuersteine, Schieferarmbänder, Klingen und Keramik. Die Archäologen gehen davon aus, dass das Feuchtgebiet noch viele Steinhäuser, Megalith-Gassen oder Menhire birgt.

Wer einen ersten Eindruck gewinnen möchte, kann mit dem Auto die Wege entlang der Sumpfgebiete fahren. Sportlicher und naturfreundlicher ist es natürlich, sie wandernd zu entdecken. Man parkt dann zum Beispiel in Reuves, wo das Naturschutzgebiet »Réserve naturelle régionale du marais de Reuves« beginnt. Die Rue de Villevenard führt an der Weinkellerei Claude Dupont vorbei zu den Feuchtwiesen und Teichen. Tollkühn sollte man auf keinen Fall werden. In den Weiten des Hochmoors ist schon so mancher verloren gegangen: 1814 hat Napoleon hier die große Schlacht gegen die Schlesische Armee gewonnen. Die Truppen der Koalitionäre blieben im Morast genauso stecken wie 100 Jahre später die Deutschen im Ersten Weltkrieg.

Adresse Rue de Villevenard, 51120 Reuves | **Anfahrt** über D 44 | **Tipp** Jede Wanderung durch die Sümpfe geschieht auf eigene Gefahr. Wer eine fachkundige Führung mitmachen möchte, sollte sich frühzeitig an das Konservatorium für Naturräume, die »Maison de la Nature«, in Boult-aux-Bois wenden. Tel. +33/324302498, maisonnatureboult@gamil.com oder www.maison-nature-boult.eu.

94 Das Château de Sacy
Die schönste Restaurant-Terrasse im Weinberg

Als »Villa Maria« wurde das heutige Château de Sacy 1850 zehn Kilometer südwestlich von der Kathedrale Notre-Dame in Reims auf einem kleinen Hügel mitten im Weinberg gebaut. Pierre Louis Gosset (1802–1875), Architekt, Stadtrat und stellvertretender Bürgermeister von Reims, hatte das vierstöckige Haus mit dem steilen Schieferdach für die reiche Kaufmannsfamilie Monnesson aus Reims entworfen. Zwölf Zimmer hat die imposante Kalksteinvilla. Aus allen 54 Fenstern des Hauses sieht man auf die Weinberge.

2017 wurde das Château restauriert und mit Hilfe der französischen Interieur-Designerin Marie-Christine Meloen neu eingerichtet. Seitdem ist es ein Hotel mit zwölf individuellen Zimmern. Es verfügt über einen Wellnessbereich mit Sauna und Abkühlbecken im Freien. Auffällig ist der dekorative Stil à la Napoleon III. in der Restaurantlounge. Sie ist bestückt mit Sesseln, Tischen, Leuchtern, Pflanzen und Barhockern, über denen weiße Felle liegen, und mit Lampen, die wie riesige Glühbirnen aussehen. Bei schönem Wetter wird auf der Terrasse serviert. Zwar ist dann der Käsewagen mit seinem Marcellin, Comté oder Chaource, gebettet auf Baumscheiben, aus der Lounge nicht mehr in Griffnähe, aber der Blick in die Weinberge ist großartig.

Wer das Köpfen einer Champagnerflasche lernen will, sollte mit vorheriger Anmeldung Samstag um 18 Uhr kommen. Dann nämlich schwingt Chefsommelier Vincent Becret die Klinge: Mit dem Sabrage-Säbel zeigt er, wie man den Hals samt Korken einer vollen Champagnerflasche mit einem Schlag kunstvoll und sauber abtrennt. Das Sabrieren geht vermutlich auf Napoleons Offiziere zurück. Sie hatten stets großen Durst und mitunter Langweile. Und so machten sie sich einen Spaß daraus, die Pullen mit ihren Säbeln kräftig aufzuschlagen und den Schampus in einem Ruck hinunterzukippen. Wie viele Flaschen zu Bruch gingen und wie viele sie wirklich getrunken haben, ist nicht überliefert.

Adresse Rue des Croisettes, 51500 Sacy | Anfahrt über D 26 | Öffnungszeiten ganzjährig geöffnet | Tipp Durch das Dorf Sacy der D 6 nordwestlich folgend, fährt man nach gut zwei Kilometern kurz hinter Ville-Dommange rechts in die Weinberge. Bald erreicht man die Chapelle Saint-Lié samt kleinem Friedhof aus dem 12. Jahrhundert. Während des Zweiten Weltkriegs hatte die deutsche Luftwaffe dort einen Beobachtungsposten – der ist längst weg, die schöne Aussicht ist geblieben.

SAINT-DIZIER (HAUTE-MARNE)

95 Die Abbaye de Trois-Fontaines

Die Schönheit der Stille und der alten Magnolie

Über allen Gipfeln ist Ruh. Nur manchmal wird die Stille im Park der ehemaligen Zisterzienserabtei zehn Kilometer nördlich von Saint-Dizier gestört. Entweder durch das kleine Glockenspiel, das zur vollen Uhrzeit ertönt, oder durch verliebte Paare, die vor dieser ebenso anziehenden wie morbiden Kulisse Hochzeitsbilder schießen lassen. Mit ihrer Mischung aus botanischen Schätzen, gotischen Ruinen und Gebäuden im Louis-IV.-Stil zählt die ehemalige Abtei samt Park zu den bedeutendsten Klosteranlagen Frankreichs.

Über das große Eingangsportal von 1741 gelangt man zur Galerie und dem Kreuzrippengewölbe, über dem die Patronin der Abtei den Besucher begrüßt: Jungfrau Maria mit Kind im Arm. Die Galerie, erbaut im 18. Jahrhundert, verbindet die ehemaligen Wohntrakte. Dahinter befindet sich auf der linken Seite die Ruine der einst 70 Meter langen Abteikirche. Bernhard von Clairvaux ließ sie 1118 bauen, und zwar in dem von ihm trockengelegten Sumpfgebiet, das aus den Gewässern der Bruxenelle und einem Bach, der aus drei Quellen gespeist wurde, bestand. Daher der Name Trois-Fontaines.

Der sieben Hektar große Park stammt aus dem 18. Jahrhundert. Über 20 Baumarten wachsen dort. An den Wegen stehen steinerne Statuen, es gibt eine Wasserquelle, einen Hundefriedhof und ein Bassin, das die Mönche einst als Fischteich nutzten. Am schönsten ist die 15 Meter hohe und 110 Jahre alte Magnolie auf der Wiese hinter der Galerie. Besonders im März und April, wenn der Baum mit seinem Kronenvolumen von 500 Kubikmetern rosa blüht, ist er ein Naturereignis. 2013 wurde die Magnolie als Kandidatin für den Wettbewerb des »Office National des Forêts« als Baum des Jahres in Frankreich nominiert. Die Jury entschied sich allerdings für eine Eiche aus der Zentralregion. Dennoch gehört sie heute zu den 432 Bäumen der Republik mit dem Titel »arbre remarquable« – bemerkenswerter Baum!

Adresse 21 Place du Château, 51340 Trois-Fontaines-l'Abbaye | **Anfahrt** von Saint-Dizier über D 16 | **Öffnungszeiten** täglich 10–20 Uhr | **Tipp** Die Klosteranlage beherbergt ein Fahrradmuseum mit einer außergewöhnlichen Sammlung von 200 historischen und seltenen Fahrrädern; Juli, Aug. So 14–19 Uhr.

SAINTE-MENEHOULD (MARNE)

96__Das Hôtel de Ville
Gegrillte Schweinefüße als Henkersmahlzeit

Zumindest von außen ist es mit Sicherheit das historisch schönste Haus der Stadt – das Hôtel de Ville. Das Rathaus am Place du Général Leclerc gehört zu einem Ensemble von historischen Gebäuden aus dem 18. Jahrhundert, das den gesamten Platz einrahmt. Er war schon damals über die Rue Chanzy mit dem westlich gelegenen Place d'Austerlitz verbunden und bildete mit der städtischen Verwaltung das Zentrum von Sainte-Menehould. Das Hôtel de Ville ist heute eines der besterhaltenen Barock-Rathäuser überhaupt.

Sainte-Menehould am Rande des Argonnerwalds entstand in galloromanischer Zeit. Benannt wurde es nach Manehildis, die im 5. Jahrhundert mit Frömmigkeit und Schönheit begeisterte. Dass die Einheimischen ihre Stadt heute nur als »Menou« bezeichnen, liegt daran, dass selbst Franzosen nicht genau wissen, wie sie den vollen Namen richtig aussprechen sollen.

Menous größter Sohn ist Dom Pérignon, der 1639 hier geboren wurde. Vier Jahre nach seinem Tod wurde die Stadt 1719 durch einen Brand zerstört. Pech und Glück zugleich, denn Philippe de La Force erbaute 1730 im Stil von Jules Hardouin-Mansart und Robert de Cotte, den Meistern des französischen Barocks und Rokokos, das heutige Rathaus. Sehr komfortabel blickt man auf das Hôtel de Ville von einem der Restaurants auf dem Platz, am besten mit dem kulinarischen Knüller der Stadt auf dem Teller: gegrillter Schweinefuß, »Pied de cochon à la Sainte Ménéhould«. Das geheime Rezept existiert angeblich seit 1435. Viele Könige zog es allein deswegen nach Menou. Ludwig XVI. kam gleich mehrmals, um gegrillte Schweinefüßlein zu verschlingen. Doch er kam einmal zu viel: Am 21. Juni 1791 erkannte ihn der Revolutionär Jean-Baptiste Drouet. Der König wurde verhaftet und später in Paris enthauptet. Ob er vorher noch einen »Pied de cochon grillé« kosten durfte, ist unbekannt. Als Henkersmalzeit sicherlich nicht die schlechteste Wahl.

Adresse Place du Général Leclerc, 51800 Sainte-Menehould | **Anfahrt** an D 3 | **Öffnungszeiten** Mo–Fr 8.30–12 und 13.30–17.30 Uhr, Sa 9–11.30 Uhr | **Tipp** Im Restaurant »Le Kapittel« gleich am Place du Général Leclerc 3 gibt es als Spezialität des Hauses »Le pied de cochon à la Sainte-Menehould farci aux rognons et ris de veau«, den beliebten Schweinefuß, gefüllt mit Nieren und Bries. Dazu am besten keinen Champagner, sondern ein kühles Bier bestellen.

97 — Der Marché Docteur Huguier

Das Vermächtnis des Chirurgen

Ohne den reichen Doktor stünde wohl immer noch die alte »Tötungshalle«, wie sie damals genannt wurde, im Zentrum der Stadt. Im Jahr 1230 bauten die Bewohner an der Rue de la Juiverie ein Gebäude, zunächst aus Holz, in dem die Metzger täglich Tiere schlachteten und verkauften. Das ging viele Jahre so, bis 1632 ein Feuer die Stadt verwüstete. Doch die Bewohner liebten ihren Fleischmarkt und bauten das Schlachthaus wieder auf. Erst als Monsieur Huguier, ein angesehener Chirurg, der Stadt 1873 50.000 Goldfranken spendete, entschied sich der Bürgerrat für einen Neubau im damals populären Baltard-Stil: Ernest Boiron, ein Architekt aus Sézanne, konstruierte ein Gebäude mit der damals für Markthallen typischen Dachkonstruktion auf Metallgerüst und steinernem Fundament. 1892 wurde »La Halle« vollendet, nach seinem Spender »Le Marché du Docteur Huguier« benannt und steht heute noch genau so da.

Die Markthalle ist einer der architektonischen Schätze des beschaulichen Sézanne, mit seinen knapp 5.000 Einwohnern, den gepflasterten Straßen und Brunnen, auf denen die Tauben verweilen, mit seinen Statuetten und den Reliefs auf den Giebeln der Häuser. Zu den Sehenswürdigkeiten gehören ebenso die mittelalterlichen Befestigungsanlagen, gesäumt von großen Linden, die gotische Kirche Saint-Denis, die Überreste eines Klosters der Franziskaner-Rekollekten, ein hölzernes Waschhaus und einige stolze Fachwerkhäuser aus dem 18. und 19. Jahrhundert.

Der Markt des Doktors wurde 1988 in Frankreichs Liste historischer Denkmäler aufgenommen. Die Bewohner nutzen sie heute für Floh- und Blumenmärkte, Konzerte, Gourmet-Events und Weinmessen. Im Winter werden hier, wie einst zu Zeiten des Schlachthauses, die Klingen gewetzt – um die Schlittschuhe zu schleifen. Denn dann verwandelt sich »La Halle« in eine kleine Eisbahn.

Adresse Rue de la Juiverie, 51120 Sézanne | **Anfahrt** von N 4 über D 39 in die Innenstadt | **Öffnungszeiten** abhängig von den Veranstaltungen | **Tipp** An dem ockerfarbenen Gebäude der Rue de la Juiverie 1 befindet sich eine Sonnenuhr. Sie stammt aus dem Jahr 1783. Auf Latein ist dort ein Zitat des römischen Dichters Horaz zu lesen: »Wann immer die Götter dir Glück senden, nimm es mit Dankbarkeit an.«

TALUS-SAINT-PRIX (CÔTE DES BLANCS)

98 Das Kloster Le Reclus

Schlafen wie Einsiedler, beten wie Mönche

Es ist eine ruhige Fahrt auf der Landstraße durch den stillen Wald – bis diese unübersichtliche Kurve auftaucht. Dort schimmern plötzlich die Mauern und Dächer der alten Abtei hervor. Auf den ersten Blick wirkt sie verwaist. Doch auch wenn die letzten Mönche die klösterliche Anlage schon nach der Französischen Revolution verlassen haben, ist sie heute durchaus bewohnt: Feriengäste suchen hier nach Stille und Festivalbesucher nach Musik.

Im Jahr 1142 errichteten die Zisterziensermönche des Klosters Vauclair genau an der Stelle eine Abtei, an der bereits der Einsiedler Hugues le Reclus sein Lebensheil gefunden hatte: die Abbaye Notre-Dame du Reclus. Hugues wurde der erste Abt an der Spitze von zwölf Mönchen aus Vauclair. Mehrmals wurde das Kloster später durch Kriege, Brand und Plünderungen zerstört. Einige mittelalterliche Räume wie der Versammlungssaal mit dem Gewölbe, der Kreuzgang, das Parlatorium, die Sakristei und das Gefängnis sind bis heute erhalten. Kirche und Abteiwohnungen wurden im 18. Jahrhundert neu gebaut.

So idyllisch wie heute war es für die Bewohner auch in friedlichen Zeiten nicht immer. Manche Mönche wurden in der abgelegenen Abtei mitten im Wald zwischen Corfélix, Bannay und Talus-Saint-Prix wegen ihrer Widerspenstigkeit jahrelang unter Hausarrest gestellt. Heute geht es da schon lebenslustiger zu. Vor allem im Sommer. Dann finden ausgelassene Festivals mit Musik und Theater auf dem Klostergelände statt. Feriengäste kommen ganzjährig. In dem historischen Wohnhaus mit dem schönen Garten können neun Personen nächtigen – zu buchen über die Klosterwebsite. Gleich daneben im Mönchsdormitorium mit großem Korridor und Klosterzellen haben zwölf Gäste Platz. Wer alles mindestens für eine Woche mietet, kann ungestört mehrmals am Tag beten wie einst die Mönche. Und zwar in der kleinen Klosterkirche, die im Preis inbegriffen ist.

Adresse 2 Abbaye du Reclus, 51270 Talus-Saint-Prix | **Anfahrt** von D 951 über D 43, an der ersten steilen Kurve | **Öffnungszeiten** Führungen nach Voranmeldung, Juni – Sept. 10 – 12 und 14 – 16 Uhr, Di geschlossen | **Tipp** Der Dolmen du Reclus, auch »Allée couverte« genannt, liegt keine halbe Stunde Fußmarsch entfernt. An der D 43 führt der Weg links hinauf zu dem im Erdhügel liegenden Steintunnel aus dem Neolithikum im Wald bei Bannay am Fluss Petit Morin. Wer sich in die vier Meter lange Kammer wagen will, muss sich gut bücken können.

TINQUEUX (MONTAGNE DE REIMS)

99 L'Assiette Champenoise

Trinkt, was klar ist! Esst, was wahr ist!

Man würde kaum vermuten, dass in diesem unscheinbaren Vorort von Reims ein solches kulinarisches Schmuckkästchen zu entdecken ist. Das alte Fachwerkhaus mit Schieferdach macht zunächst nicht den Eindruck, dass hier eines der besten Sternerestaurants der Champagne, wenn nicht des Landes seine Künste zeigt. Doch was zunächst rein äußerlich etwas altmodisch erscheint, ist innen hochmodern: ein holzgetäfelter Speisesalon mit weißen Sesseln und geschwungenen braunen Leder-Banketten, in dem große verspielte Kronleuchter hängen und sich hinten durch die hohen Fenster ein Blick in den großen Garten eröffnet. Es ist eine kühle Eleganz, in der Werke von Künstlern wie Arman, dem Mitbegründer des Nouveau Réalisme, oder Star-Designer Philippe Starck das dekorative Highlight bilden.

Drei-Sterne-Koch Arnaud Lallement, 1974 geboren, hat die »L'Assiette Champenoise« von seinen Eltern übernommen und führt mit seiner Frau Magali und seiner Schwester Mélanie das Haus. 50 Angestellte haben sie, 25 davon arbeiten in der Küche. Die anderen sorgen dafür, dass sich die Gäste im Hotel des Anwesens mit 33 Zimmern und Suiten, Schwimmbad und Park wohlfühlen. »Mangez vrai!« ist Arnauds Lieblingsmotto. Esst echt! Und so arbeitet er auch: Nichts ist bei der Zubereitung zufällig, alles leidenschaftlich und intensiv. Auch die Weine. Die Karte beginnt mit »Armand de Brignac«, der Champagner-Marke, die seit 2014 dem Rapper Jay-Z gehört, und geht über eine große Auswahl an Krug Grande Cuvée bis zu einem weiteren Spitzenchampagner: Jacquesson. Das 1798 in Dizy gegründete Weinhaus gehört heute mit seinen nummerierten Flaschen den Brüdern Jean-Hervé und Laurent Chiquet.

Dass sich bei einer solchen Auswahl die Hälfte von Arnaulds Kunden für das Champagner-Menü entscheidet, ist kein Wunder. Denn was als Motto für seine Speisen gilt, gilt ebenso sicher für seine Weine: Buvez vrai! Trinkt echt!

Adresse 40 Avenue Paul Vaillant-Couturier, 51430 Tinqueux | **Anfahrt** an D 980 | **Öffnungszeiten** Restaurant Do–Mo | **Tipp** Man muss nicht mit Krawatte und Anzug ins Restaurant kommen, aber auch nicht in Bermudas oder Sportklamotten. Es sei denn, man will nur die Boutique des Restaurants besuchen. Dort kann man nicht nur Bücher und Rezepte von Arnaud Lallement kaufen, sondern auch Olivenöl aus Portugal, speziell komponiert für die Assiette Champenoise.

100__ Drop of Wine
Die unkonventionelle Bar für unentdeckte Weine

Henri Jongbloet ist Sommelier und hat viele Jahre die Besucher durch die großen Häuser wie Pommery oder Veuve Clicquot geführt. Doch der Franzose mit flämischen Wurzeln wollte mehr Freiheit. Mit 30 Jahren entschied er sich, in Troyes sein eigenes Geschäft aufzumachen – eine Weinhandlung. Unkompliziert sollte sie sein, regionale Kost und Wein anbieten und ein Lokal für jedermann sein. Im Dezember 2020 eröffnete er auf der Rue de la Cité seinen Traum: »Drop of Wine« heißt die kleine Weinbar, aus deren Fenstern man den besten Blick auf die Kathedrale von Troyes hat.

Die alte Aufschrift an der Außenfassade über den roten Fensterrahmen »Docks de l'Union française« vom Vormieter gefiel Henri so gut, dass er sie stehen ließ. Die beiden Räume renovierte er komplett. Sie sind jetzt schlicht in Weiß gehalten. Einfach soll auch die Menü-Karte sein. Sie reicht von getrockneten Tomaten und Salat über Auberginenkaviar und überbackenen Toast bis zu Schinkenplatte und Wurst mit Pommes frites. Im Mittelpunkt stehen das ungezwungene Beieinandersein und der Wein. Henri bevorzugt Rote und Weiße aus Bordeaux, dem Burgund, von der Loire, aus dem Elsass und Südfrankreich. Aber auch Champagner hat er im Programm. Er bezieht sie ausschließlich bei kleinen Häusern wie Jean Velut aus Montgueux, Pierre-Emmanuel Paquay aus Villers-Marmery in der Montagne de Reims oder von Kooperativen wie Le Brun de Neuville in Bethon. Diese »Coopérative« an der südlichen Côte de Sézanne ist ein Zusammenschluss von 170 Winzern, die ihr Wissen, ihre Ressourcen und Traditionen in einem gemeinsamen Champagner-Sortiment kombinieren.

Dass die weiße Aufschrift »Docks de l'Union française« noch hängt, ist für Henris Geschäft ein gutes Omen: Die »Docks«, Anfang des 20. Jahrhunderts gegründet, waren eine Aktiengesellschaft und auf den Einzelhandel mit Lebensmitteln spezialisiert. Es gab sie 83 Jahre.

Adresse 61 Rue de la Cité, 10000 Troyes | **Anfahrt** von der Seine in die Rue Simart | **Öffnungszeiten** Di–Fr 16–24 Uhr, Sa 16–1.30 Uhr | **Tipp** Wer länger feiern will, geht einfach zu Henris Nachbarn und Geschäftspartner Maxime Ribeiro ins »Dropkick« im Haus Nummer 59. In der Kneipe gibt es neben deftigen Fleischpfannen und Burgern auch Bier, Schnaps, Whisky, Rum und Cocktails. Nur eins kann man hier nicht trinken: Wein.

101 Das Hôtel-Dieu-le-Comte

Studieren in der schönsten Apotheke der Republik

Nicht vielen Studierenden ist es vergönnt, durch ein prunkvolles Tor über einen Ehrenhof, umrahmt von klassischen Fassaden eines historischen Gebäudes, zum Bachelor-Seminar zu gelangen. Ob das die Motivation erhöht, ist allerdings nicht erwiesen. Jedenfalls ist das Hôtel-Dieu-le-Comte samt universitärem Anbau nicht der hässlichste Ort, um fürs Leben zu lernen. Das im 12. Jahrhundert vom Grafen von Champagne erbaute und im 18. Jahrhundert vollständig sanierte Haus ist seit 1990 als »Campus des Comtes de Champagne« Teil der Université de Reims-Champagne-Ardenne (URCA).

Einst war es eines der größten Armen- und Krankenhäuser Frankreichs. Im Westflügel des Gebäudes befinden sich noch heute die Kapelle und die Apotheke aus dem 18. Jahrhundert: Bis 1962 wurde die »Apothicairerie« vom Krankenhaus genutzt. Sie ist fünf Meter hoch, eichenholzvertäfelt im Louis-XIV.-Stil, gefüllt mit Tontöpfen und 300 Holzkisten in zehnstöckigen Regalen, die man nur über eine hohe, auf Kupferrollen montierte Leiter erreichen kann. Im kleinen Labor gleich nebenan wurden die Medikamente hergestellt. Seit 1976 ist die Apotheke zu besichtigen. Als Krankenhaus war das Hôtel-Dieu-le-Comte bis 1988 in Betrieb. Heute beherbergt es neben der Universität wechselnde Ausstellungen, die sich mit der Geschichte und Kultur rund um Troyes auseinandersetzen. Die »Cité du Vitrail«, ein faszinierendes Museum für uralte Glaskunst, stellt im sanierten Seitenflügel Glasmalereien aus ganz Frankreich aus und veranstaltet Kunst-Workshops.

Nicht in Glas, sondern in Stein gemeißelt ist ein wichtiges Relikt aus der Geschichte des Krankenhauses: Bis zur Französischen Revolution besaß es einen »Tour des enfants trouvés«. An einer Drehtür zur Straße konnte man Findelkinder ablegen. An diese Zeit erinnert an einer Seitenmauer der Rue de la Cité die Inschrift »Enfant«.

Adresse 15 Rue de la Cité, 10000 Troyes | **Anfahrt** vom Place de la Libération über Rue Roger Salengro und Rue Boucherat | **Öffnungszeiten** Apotheke Mai–Sept. Mi 14–19 Uhr, Do, Fr 10–13 und 14–19 Uhr; Sa, So 11–13 und 14–19 Uhr, Okt.–April Fr–So 10–12 und 14–17 Uhr | **Tipp** Das schmiedeeiserne Tor im 13 Meter hohen und 35 Meter langen Gitterzaun wurde 1760 gefertigt. Neben vergoldeten Arabesken und der Grafenkrone mit bunten Steinen trägt es die Wappen von Troyes und Frankreich: in Blau, ein schräger weißer Balken mit Mäandersaum zu beiden Seiten und im blauen Schildhaupt drei goldene Lilien.

102 Die Rue de la Crosse
Der Fachwerk-Olymp mit auskragendem Türmchen

»Man kann nicht allein mit den Augen lieben«, schrieb Chrétien de Troyes einst in seinen Artus-Versen. Und natürlich hat der um 1130 in Troyes geborene große Dichter der höfischen Literatur immer noch recht. Mit Bezug auf seine Heimatstadt jedoch vielleicht nicht ganz. Denn sie ist so schön, dass man kaum die Augen von ihr lassen kann. 1524 brannte sie stark aus und musste fast komplett neu errichtet werden. Während sich die reichen Bürger große Herrenhäuser aus Stein bauten, griffen die ärmeren auf das Eichenholz der umliegenden Wälder zurück und zimmerten einfache, aber stilvolle Fachwerkhäuser. Und wie! Troyes zählt heute zu den schönsten erhaltenen mittelalterlichen Städten Frankreichs.

Die Altstadt, in der sich unzählige Fachwerkhäuser mit waage- und senkrechten Streifenmustern schief und schräg aneinanderlehnen, wirkt wie ein einziges Freilichtmuseum. Überall lugt farbiges Fachwerk hervor. Manchmal so kompakt wie in der Ruelle des Chats, der engsten Gasse der Stadt: Die Häuser stehen hier Stirn an Stirn, sodass die Katzen leicht von einem Dachboden zum anderen springen können. Manchmal so auffällig wie bei der Maison de l'Orfèvre an der Rue Champeaux 9: Der Goldschmied François Roize hat einst das Haus, in dem sich heute eine Crêperie befindet, mit auskragendem Rundturm erbaut.

Und manchmal sieht die Stadt aus wie eine Kulisse aus einem Mantel- und Degenfilm, zum Beispiel in der Rue de la Crosse, der kurzen gepflasterten Gasse mit windschiefen Häusern, um die Ecke der Cathédrale Saint-Pierre Saint-Paul. An ihrem Ende geht es links in die Rue Linard Gonthier. Dort befindet sich nach wenigen Metern hinter der Hausnummer 18 das kleine, aber feine Hotel »La Maison de Rhodes« mit seinem schönen alten Garten und Zimmern mit Holzgebälk. Das Gebäude gehörte einst den Templern, und die Fundamente stammen aus dem 12. Jahrhundert. Gut möglich, dass Chrétien de Troyes auch hier gedichtet hat.

Adresse Rue de la Crosse, 10000 Troyes | **Anfahrt** über Rue Saint Denis | **Tipp** Die Maison au Dophin, das Haus des Kronprinzen, an der Rue Kléber 32 ist eines der ältesten Fachwerkhäuser von Troyes. Es stammt von 1472, ist mit den typischen Sprossenfenstern und Auskragungen versehen, besitzt sechs Jochbögen und an der Vorder- und Rückseite einen Giebel mit Vordach. 2004 wurde es restauriert.

103 — Der Turm der Kathedrale
Jeanne d'Arcs Treueeid und erste Flugversuche

Man könnte meinen, dass ein Buch über Frankreich, in dem die Nationalheldin nicht erwähnt wird, völlig unvorstellbar ist. Und schon gar in Bezug auf Troyes. Denn für die Seine-Stadt ist Jeanne d'Arc weit mehr als die schmucke Staatsheilige: Die Jungfrau von Orléans hat Troyes gewissermaßen rehabilitiert. Die »Cathédrale Saint-Pierre Saint-Paul« war nämlich im Jahr 1420 Schauplatz der größten Demütigung der Stadt, wenn nicht sogar in der Geschichte Frankreichs. Am Altar der Kathedrale mussten die Franzosen im »Schandvertrag von Troyes« nach dem Tod Karls VI. ihre Krone an England abtreten. Im Anschluss musste Catherine de Valois, Tochter von Karl VI. und Elisabeth von Bayern, den durch Shakespeare berühmt gewordenen Heinrich V. heiraten. Und zwar in Troyes, in der Kirche Saint-Jean-au-Marché.

In Troyes' berühmter Kathedrale wiederum ließ Jeanne d'Arc, die Heilige im Harnisch, ihre Landsleute am 10. Juli 1429 einen Treueeid auf Karl VII., den später so Siegreichen, schwören. Das Ziel: die Engländer aus Frankreich vertreiben, was schließlich auch gelang. An der Ecke des Turms der Kathedrale zur Rue de la Cité erinnert eine Gedenktafel, die leicht übersehen werden kann, an dieses für die Nation so wichtige Ereignis vor rund 600 Jahren.

Übrigens sprang der eher unbekannte Uhrmacher Denis Bolori 1536 von ebendiesem Turm. Und zwar mit selbst entwickelten, ziemlich großen Flügeln. Es heißt, er soll ein paar Minuten durch die Lüfte geflogen sein. Allerdings stürzte er einige hundert Meter weiter östlich, in Saint-Parres-aux-Tertres, so heftig ab, dass er sich nicht nur alle Knochen gebrochen, sondern auch, je nach Quelle, sein Leben verloren haben soll.

Mutig war er allemal, und schon deswegen hätte er als heldenhafter Luftfahrtpionier ebenfalls eine Gedenktafel an der Ecke des Turms verdient. Freilich kleiner als die von Jeanne d'Arc. Und unter ihr. Bien sûr!

Adresse Place Saint-Pierre, 10000 Troyes | **Anfahrt** über Rue de la Cité/Place Saint-Pierre | **Tipp** Gegenüber liegt das Musée Saint-Loup (Beaux-Arts et archéologie) an der Rue Chrestien de Troyes 1. Seit 1830 befindet es sich in der ehemaligen Abtei Saint-Loup. Das Museum zeigt bedeutende Gemälde von Giotto, Spranger, Vasari, Champaigne, Bellotto oder Watteau. April–Okt. 10–13 und 14–18 Uhr, Nov.–März 10–13 und 14–17 Uhr, Di geschlossen.

URVILLE (CÔTE DES BAR)

104 Drappier
Beste Traube, größtes Ei und salomonische Flaschen

Kurz vor Mitternacht hat Michel Drappier (Foto rechts) bei einer UNESCO-Gala in Reims den »Prix Pierre Cheval de l'embellissement« für sein Engagement für die Champagne erhalten. Wenig später, um fünf Uhr an diesem Sommermorgen, steht er, zwei Autostunden von Reims entfernt, schon wieder in seinem Weinberg in Urville. »Es ist dann noch nicht so heiß«, erklärt er in akzentfreiem Deutsch. Selbstbewusst und charmant führt er sein gastliches Weingut in siebter Generation. Er ist der erste Winzer der Region mit ausgeglichener CO_2-Bilanz.

1808 wurde das Weingut gegründet, 1951 begann Michels Vater André, Champagner zu erzeugen, seit 1985 heißt die Marke »Drappier«. Zum Gut gehören 55 Hektar Weinberg als Eigentum, 50 Hektar als Pacht. Der Pinot noir ist mit 70 Prozent die dominierende Rebsorte. Die ältesten Flaschen des Hauses liegen in den Kreidekellern von Reims. In den mittelalterlichen Gewölben von Urville befinden sich neben dem Ovum, dem gewaltigen Holzfass in Ei-Form, vor allem die Großformate, für die Drappier bekannt ist: riesige Flaschen wie der 18-Liter-Salomon. Typisch für den Wein ist seine gute Verträglichkeit. Schon der Carte d'Or Brut läuft angenehm und leicht über die Zunge. Doch die bekannteste Cuvée des Hauses, ein Jahrgangs-Champagner, heißt »Charles de Gaulle«: Auf dem Etikett glänzt das goldene Profil des Generals samt Mütze auf schwarzem Grund.

Auch seine Tochter Charline (Foto) und seine Söhne Hugo und Antoine arbeiten bereits im Betrieb. Sie wuchsen praktisch im Keller und Rebberg auf. Charline kümmert sich um das Marketing und die Kommunikation, Hugo um den Anbau und die Kelterung, Antoine um die Arbeit mit den Pferden im Weinberg. Großvater André (Foto) kommt noch täglich ins Büro und trinkt ein Gläschen. Und selbst für die Zukunft ist gesorgt: Die neunte Generation, Gabrielle und André junior, ist bereits geboren.

Adresse Rue des Vignes, 10200 Urville | **Anfahrt** über D 44 | **Öffnungszeiten** Mo – Fr 8 – 12 und 14 – 18 Uhr, Sa 9 – 12 und 14 – 17 Uhr | **Tipp** Die Keller, in denen das Ovum steht, sind einen Besuch wert. Sie wurden im Jahr 1152 vom heiligen Bernhard als Außenstelle des Klosters von Clairvaux gebaut. Von hier aus schickten die Zisterzienser ihren Wein an den französischen Königshof. Und das setzt Drappier fort: Die Familie beliefert den Élysée-Palast.

105 — Der Mont Aimé
Als der blutige Robert im gallischen Dorf wütete

Von einem Berg zu sprechen wäre übertrieben. Der Mont Aimé ist ein Hügel, gehört mit 240 Metern aber immerhin zu den höchsten der Champagne. Er bietet nicht nur einen wunderbaren Blick auf die Weinberge und Dörfer der Côte des Blancs, sondern steckt auch voller Historie. Forscher fanden dort Relikte aus der Urgeschichte, wahrscheinlich der Eisenzeit. Und der heute freilich inszenierte kleine Steinkreis oben auf der ansonsten mit Gras bedeckten Kuppel des Hügels soll darauf hinweisen, dass sich hier einst ein gallisches Oppidum, eine kleine Siedlung aus der Römerzeit, befunden hat.

877 soll Ludwig II. von Frankreich, der als »der Stammler« in die Geschichte einging, auf dem Hügel residiert haben, also genau in dem Jahr, als er von Erzbischof Hinkmar von Reims zum König gesalbt und gekrönt worden war. Der Mont Aimé war beim Adel so beliebt, dass rund 350 Jahre später die Gräfin von Champagne, besser bekannt unter dem Namen Blanka von Navarra, jüngste Tochter von König Sancho VI., im Jahr 1210 hier eine Burg bauen ließ. Blanka hatte Theobald III., den Grafen von Champagne, geheiratet. Nachdem dieser 1201 gestorben war, blieb Blanka Regentin der Champagne, bis ihr gemeinsamer Sohn, Theobald IV., 1222 das Amt übernahm. Wenige Jahre später fand vor den Toren der Burg ein scheußliches Verbrechen statt: die Ermordung von 183 Häretikern. Der fanatische Inquisitor »Robert der Bulgare«, genannt »der Kleine«, ließ sie 1239 auf dem Scheiterhaufen qualvoll verbrennen.

Erst im 15. Jahrhundert wurde es wieder ruhig um den Hügel. Die Burg verfiel. Heute gibt es nur noch ein paar Ruinen zu sehen, über denen eine vielfarbige Orientierungskarte (Foto) angebracht ist. Auf der großen Wiese erinnert zudem ein Obelisk daran, dass sich am Mont Aimé im September 1914 die Truppen zur großen Schlacht an der Marne versammelten. Von solchem Getöse ist der Hügel heute gottlob weit entfernt.

Adresse 51130 Bergères-lès-Vertus | **Anfahrt** von Vertus über den Vorort Bergères-lès-Vertus, der Beschilderung Mont Aimé auf der D 9 folgen | **Tipp** Wer oben angekommen ist, sollte alles für ein kleines Picknick dabeihaben. Einen Imbissstand gibt es nicht, aber Bänke und Tische für die Rast. Und viel Liegewiese. Wer es komfortabler haben möchte, fährt den Weg zurück nach Bergères-lès-Vertus und speist in der Rue de Vertus 6 im »Le Mont Aimé«.

VERZENAY (MONTAGNE DE REIMS)

106 Le Moulin
Die Windmühle auf dem Rindfleischberg

Sie ist eine der letzten Zeuginnen der zahlreichen Mühlen in der Champagne, die es vor allem im 18. und 19. Jahrhundert gab: die »Moulin de Verzenay«. In einmaliger Lage in den Weinbergen thront sie auf dem Mont Bœuf, gleich neben dem Dörfchen Verzenay, dessen Geschichte bis in die galloromanische Zeit zurückreicht. Dort leben etwa 1.100 Einwohner, rund ein Viertel davon Winzer. Erbaut wurde die Mühle von Verzenay 1821 jedoch nicht von einem Weinbauer, sondern von dem Ehepaar Tinot-Vincent, die Müller waren. Einige Jahre mahlten sie dort Mehl, bis 1863 der Müller Boudeville die wuchtige Holzmühle übernahm. Als er 1901 starb, legte die Familie die Mühle auf Wunsch des Toten 1904 endgültig still und verkaufte sie für 10.000 Francs. So ging sie in den Besitz einer Winzerfamilie über, die sie als Touristenattraktion nutzte.

Im Ersten Weltkrieg diente sie der französischen Armee als Beobachtungsposten. Die Soldaten buddelten in die Tiefe, es entstanden unterirdische Gänge und ein Bunker. Militärstrategisch wurde die Mühle so zu einem entscheidenden Stützpunkt, um Reims zu verteidigen. Auch Prominenz rückte damals an, um sie zu sehen, darunter Viktor Emanuel III., König von Italien, begleitet von Frankreichs Staatspräsident Raymond Poincaré. 1923 kaufte das Champagnerhaus Heidsieck-Monopole die Mühle. Es folgten einige ruhige Jahre, bis die Amerikaner sie im Zweiten Weltkrieg wieder mal als Beobachtungsposten nutzten. Nach Kriegsende ließ Heidsieck-Monopole die Flügel restaurieren und eine neue Holztreppe hinauf zum Eingang anfertigen.

1972 übernahm G. H. Mumm die alte Moulin de Verzenay – und nutzt sie bis heute für Empfänge und Verkostungen, allerdings nur für geladene Gäste. Die Panoramaterrasse ist dagegen für alle da. Sie bietet einen weiten Blick auf 500 Hektar Weinberge mit Pinot noir und Chardonnay. Am besten bringt man sein eigenes Fläschchen mit.

Adresse Rue de Mailly, 51360 Verzenay | **Anfahrt** von Verzenay etwa 800 Meter auf D 26 Richtung Mailly, dann rechts in den Weg »Le Moulin« zur Mühle | **Tipp** Besichtigen kann man die Mühle zwar nicht, aber in ihr feiern – übers Wochenende. 30 Personen finden Platz. Am besten buchen über www.mumm.com/en/visit-us. Auch die »Moulin de Dosches« im Aube-Dörfchen Dosches ist im typischen Mühlen-Stil der Champagne restauriert worden. Sie liegt 125 Kilometer südlich auf dem Weg nach Troyes.

VERZENAY (MONTAGNE DE REIMS)

107 ⎯ Le Phare
Der Leuchtturm im Meer der Reben

Aus einer Schnapsidee erwuchs brillantes Marketing: Ein Leuchtturm, weit entfernt vom Meer, mitten in der Champagne, auf der Spitze des Mont Rizan – das würde seinen Champagner bekannt machen, dachte sich der Winzer Joseph Goulet. 1909 war es so weit: Er baute aus Stahlbeton einen Turm, dessen Laterne nachts bis nach Reims leuchtete – für manche reine Irritation, für andere eine Revolution, für die meisten eine Sensation. Noch heute führen 101 Stufen die 25 Meter hinauf zur Aussichtsplattform, von der man durch die Glasscheiben des Leuchtwärterhäuschens ein 360-Grad-Panorama über die Champagne genießen kann.

Im Zweiten Weltkrieg nutzte das Militär den Phare de Verzenay. Nach 1945 waren die Nebengebäude mit Restaurant, Theater und »Guinguette«, einer damals vor allem in Paris beliebten Form der Taverne, durch Kriegsbeschuss ausgebrannt. Nur der Turm stand noch. Jahrzehnte vergingen, und er drohte zu verfallen. Doch dann renovierte die Gemeinde ihn endlich, und dort, wo sich zu Goulets Zeiten am Fuß des Leuchtturms die Nebengebäude befanden, steht seit 1999 ein Weinbaumuseum. Es ist in einem runden, holzverkleideten Gebäude mit Flachdach untergebracht. In fünf Sälen zeigt es die Techniken und Vegetationszyklen des Weinbaus, die Arbeit der Winzer und Legenden der Region. Wer dann Appetit auf Champagner hat, kann sich im Verkostungsbereich mit Weinen von lokalen Winzern vergnügen. Allerdings: Die Champagnerprobe kostet extra. Gruppen sollten sich vorher anmelden.

Joseph Goulets Namenszug, den er in riesigen Lettern am Turm angebracht hatte, gibt es seit 1999 nicht mehr. Genauso wie Goulet-Turpin, das 1874 von Josephs Vater Modeste in Reims gegründete Handelsunternehmen. Ende der 1970er Jahre verschwand es vom Markt. Doch so wie Josephs Leuchtturm war auch Modestes Geschäft eine Revolution: Es war die erste große Supermarktkette in Frankreich.

Adresse Rue du Phare, 51360 Verzenay | **Anfahrt** am Ende von Verzenay auf der D26 Richtung Verzy in die Rue du Phare abbiegen | **Öffnungszeiten** April–Sept. täglich 10–18.30 Uhr, Okt.–März täglich 10.30–17 Uhr | **Tipp** Wer im Sommer keine Lust hat, auf den Turm zu klettern, kann sich auf den hellblauen Liegestühlen im Garten unterhalb des Phare niederlassen. Natürlich mit einem Glas Champagner. Der Blick auf die Côte des Grands Champs ist auch von hier unten die Reise wert.

VERZY (MONTAGNE DE REIMS)

108 — Der Forêt de Faux
Korkenzieherbuchen, Hexen, Trolle und Orgien

»Fau« heißt im Altfranzösischen »Buche«. Doch ein einfacher Buchenwald ist der »Forêt de Faux« nicht. Der Wald von Verzy gilt als der Naturpark, in dem weltweit die meisten Süntel-Buchen wachsen. Etwa 1.000 »Hêtres tortillards« sollen es sein: in sich verdrehte und gekrümmte Buchen, die sich wie Korkenzieher über den Boden winden. Bis heute ist unklar, ob die Natur sie geschaffen oder der Mensch sie gezüchtet hat. Mindestens seit der Zeit, als Saint Basle, der heilige Basolus, um das Jahr 575 in das Kloster am Waldrand von Verzy zog, soll es sie geben. Doch als die Soldaten des Herzogs von Lothringen das Gebäude 1652 niederbrannten, verschwanden auch alle Hinweise auf die Entstehung der Süntel-Buchen. Seitdem gelten sie mehr denn je als von Geheimnissen umwittert.

Ein Naturlehrpfad verläuft durch den gut 1.000 Hektar großen Wald an den Buchen vorbei. Wer sich führen lassen will, lädt sich unter dem Stichwort »En forêt de Verzy« eine App herunter. Viele der ehrwürdigen Bäume tragen Namen wie »Chêne Fau«, »Fau de la tête de bœuf«, »Fau parapluie«, »Fau de la Demoiselle« oder »Fau de Saint Basle«. Um sie vor den Besuchern zu schützen, sind sie eingezäunt. Bis zu 300.000 Menschen wollen die Bäume jährlich sehen. Allerdings lässt der platt getretene Boden rund um ihre Stämme vermuten, dass sich manche Buchenfans von den paar klapprigen Latten nicht abschrecken lassen, um ihren Lieblingen trotz drohender Strafe ganz nah zu sein.

Wegen ihrer verdrehten und miteinander verwachsenen Äste, die sich wie knorrige Finger nach einem strecken, überrascht es nicht, dass sich zahllose Legenden und Halbwahrheiten um die Bäume ranken. Von Trollen, die in ihnen leben, und von Hexen, die Menschen verschwinden lassen, ist die Rede. Und von Orgien – und die hat's wirklich gegeben. Noch in den 1930er Jahren trafen sich hier die Einwohner, um bei bacchantischen Festen heilig-feuchtfröhlich Champagner zu genießen.

Adresse 7 Les Faux, 51380 Verzy | **Anfahrt** von Verzy die Route de Louvois (D 34), den Schildern »Faux de Verzy« folgen, dann bis zum »Parking des Faux« oder »Parking des Pins« | **Tipp** Vom Parkplatz läuft oder radelt man 800 Meter zurück zur D 34 über das Parking Mont Sinaï zum »Observatoire du Mont Sinaï«. Von dem Aussichtsplateau mitten im Wald lässt sich weit über die Bäume in die Ebene blicken.

VERZY (MONTAGNE DE REIMS)

109__Die Perching Bar
Nirgendwo hat man besser Champagner in der Krone

An der kleinen Schranke, die man passiert, um nach kurzem Fußweg zur spektakulärsten Bar der Champagne in freier Natur zu gelangen, steht: »Take a deep breath!« Und tatsächlich: Wer tief durchatmet und weitergeht, taucht ein in eine Welt, die atemberaubend in den Baumkronen des Forêt de Faux de Verzy liegt – und wo man besser schwindelfrei sein sollte. Die Perching Bar ist im wahrsten Sinne des Wortes ein Höhepunkt nicht nur für Champagnergenießer, sondern auch für Sportbegeisterte: Rund um die Bar befindet sich der Kletterpark »Arboxygène«.

2002 kam Olivier Couteau, damals ein junger Sportlehrer aus dem Norden von Paris, auf die Idee, einen eigenen Kletterparcours zu bauen. Vier Jahre später war es so weit. Er mietete von der Gemeinde Verzy zehn Hektar Wald und machte in diesem Blätterreich seinen Traum wahr. 2010 baute er eine Bar in die Wipfel der großen Eichen, nach einem Entwurf des Architekten Germain Morisseau. Über Hängebrücken, die rollstuhlgerecht ausgelegt sind, gelangt man sieben Meter hoch zu ihr hinauf. Die Wände, Fenster und Böden sind aus Holz, alle Elemente sind harmonisch aufeinander abgestimmt, die Bänke sind weiß gepolstert, designte Sitzschalen hängen wie Schaukeln an der Decke, hinter der hölzernen Bar wartet der Champagner. Und ob Kühlschrank, Heizung oder Kaffeemaschine – alles ist solarbetrieben.

Ein paar Meter höher geht es auf die Aussichtsplattform oberhalb der Bar. Spätestens hier, wo der Ausblick phänomenal ist, fühlt man ganz leicht die Schwingungen des Baumhauses. Und es wird klar, warum die Perching Bar für maximal 85 Personen zugelassen ist. Kinder unter zwölf Jahren dürfen nicht nach oben, Haustiere sind verboten, und bei Sturm schließt die Bar ganz. Umso wichtiger, bei schönem Wetter seinen Champagner in vollen Zügen zu genießen. Wo, wenn nicht in diesen Wipfeln, kann man so herrlich einen in der Krone haben?!

Adresse Forêt de Brise Charrette, 51380 Verzy | **Anfahrt** auf D 26 zwischen Verzy und Verzenay abbiegen und der Beschilderung »Arboxygène / Perching Bar« bis zur Schranke folgen | **Öffnungszeiten** März–Dez. Di–So 12–20 Uhr | **Tipp** In jedem Fall reservieren, Tel. +33/689447368. Schon aus Sicherheitsgründen dürfen nicht zu viele Gäste nach oben. Wer nur klettern will, kann sich fürs »Perching Adventure« anmelden: Der Kletterpark ist für Anfänger und Profis geeignet, mit Parcours bis zu 25 Meter Höhe und vier Seilrutschen von je 150 Meter Länge.

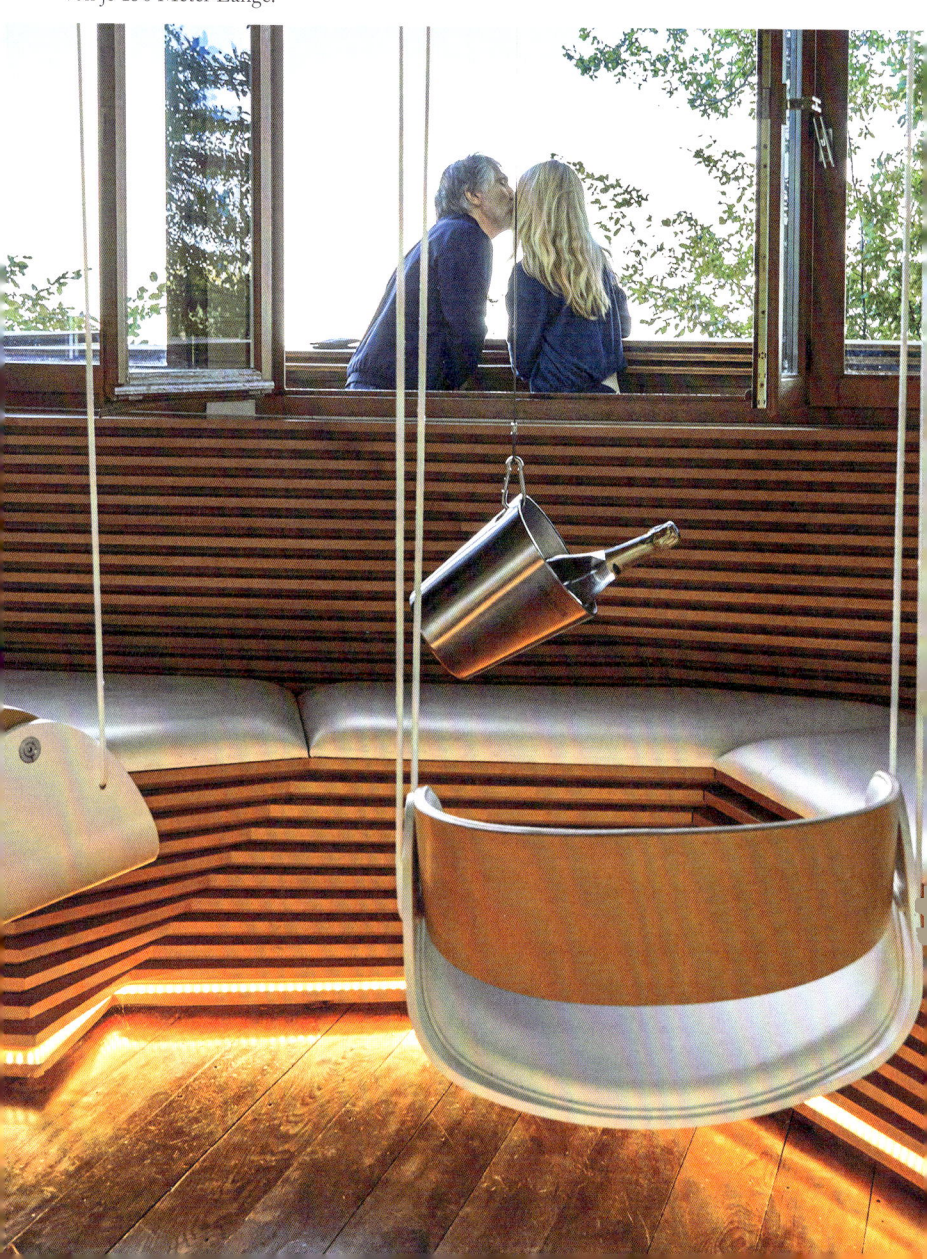

VIELS-MAISONS (MARNE-TAL)

110_Les Jardins
In den Gärten von Viels-Maisons blüht das Glück

Die Champagne ist die Region Frankreichs mit den meisten blumengeschmückten Dörfern und Städten. Doch der Park der Jardins de Viels-Maisons übertrifft sie alle – mit seiner architektonischen Ästhetik, den Wasserspielen, der Farbenpracht und Vielfalt an Blumen, Sträuchern und Pflanzen und vor allem mit seinen natürlichen Giganten: den 200 Jahre alten Mammutbäumen und der sogar 300 Jahre alten Eibe.

Dass die Gärten für jeden zugänglich sind, ist Bertrande de Ladoucette zu verdanken. 1803 hatte ihre Familie das Anwesen nach der Zerstörung durch die Französische Revolution erworben und das kleine Château neu gebaut. Die Parkanlage wurde mit kleinen Wasserfällen, einem Teich, kleinen Höhlen, Brücken und Steingärten neu arrangiert. Zudem pflanzte die Familie mehrere Zedern aus dem Libanon sowie Eichen-, Mammut- und Lebensbäume.

Wo immer man heute steht, überall lugt die romanische Kirche Saint-Croix aus dem 11. Jahrhundert zwischen den Baumreihen und Büschen hindurch. Madame de Ladoucette, einst auch Präsidentin der regionalen »Association des Parcs et Jardins de Picardie«, pflegt mit Liebe und Leidenschaft ihre Gärten. Auch sie hat einige Statuen neu gesetzt und unzählige Rosensorten angepflanzt, einen englischen und einen »wilden« Garten kreiert, und vor allem hat sie dafür gesorgt, dass heute in jeder Jahreszeit Blumen blühen. Am liebsten geht sie in den frühen Morgenstunden durch ihre Gärten. Alles ist dann zartrosa, blau oder bunt gemischt. »Am Abend setze ich mich gern und betrachte den Kirchturm und die Rosenpracht davor«, erzählt sie, »das sind Momente des reinen Glücks.«

Vor allem kommen diejenigen gern in die Gärten, die einen besonderen Moment in ihrem Leben festhalten wollen: Frischvermählte stehen Schlange, um sich in dem bezaubernden Park von einem Fotografen der Jardins de Viels-Maisons gegen Gebühr für die Ewigkeit porträtieren zu lassen.

Adresse 11 Place du Marché, 02540 Viels-Maisons | **Anfahrt** über D 933 und D 15 oder D 16 | **Öffnungszeiten** Mai–Sept. Fr–Di 14–18 Uhr; Gruppenführungen nur Do nach Vereinbarung | **Tipp** Eine Rarität ist die Bodensonnenuhr. Sie wurde 1997 vor dem Gewächshaus angelegt. Der Sonnenuhrentisch bildet die Horizontale, der Besucher ersetzt den vertikalen Stab. Sein Schatten fällt auf die Platten und zeigt die Uhrzeit an.

VRIGNY (MONTAGNE DE REIMS)

111 Das Clos des Terres Soudées

Romantik im Salon, die Kraft des Weinbergs am Bett

Es spricht nicht unbedingt für die Dynamik eines Dorfes, wenn es sich in den vergangenen 60 Jahren gerade mal um 40 Einwohner vergrößert hat, von 190 auf 230. Auch das mausgraue Rathaus vor der kleinen Wiese an der Rue Saint-Vincent wirkt nicht so, als ob es viel zu tun gäbe. Zweifelsohne, Vrigny ist winzig. Aber als Premier-Cru-Dorf genießt es einen ausgezeichneten Ruf. Und die Perle ist das »Clos des Terres Soudées« – das Gästehaus des im Dorf ansässigen Weinguts Roger Coulon, das in der Liga der Spitzenerzeuger der Champagne problemlos mithält.

Seit 1806 baut die Familie Coulon in Vrigny Wein an. Der Pinot meunier macht 40 Prozent der 100 Parzellen aus, die die Coulons über fünf Dörfer verteilt besitzen. Der Rest verteilt sich gleichmäßig auf Chardonnay und Pinot noir. Bevor die Domaine Clos des Terres Soudées an der Rue Saint-Vincent eröffnet wurde, hatten acht Generationen der Familie Coulon darin gewohnt. 2012 begannen Isabelle und Eric Coulon, das Haus aufwendig zu renovieren. Heute besteht es aus vier eleganten Zimmern und einer Suite, manche mit Designmöbeln aus den 1950er Jahren, manche im Napoleon-III.-Stil, manche dekoriert mit waschechten Naturprodukten: Dicke Wurzeln alter Reben zeugen am Kopfende eines romantischen Doppelbettes von einstiger Kraft. Die Flure sind mit Porträts des 19. Jahrhunderts geschmückt. Sie führen in den gemütlichen Garten gleich am Weinberg. Wein wird im Innenhof vor dem Hotel in der recht schicken Champagnerlounge verkostet – mit Blick durch eine Glasplatte am Boden in den Keller. Wer Zeit hat, kann mit dem Hotel-E-Bike die Gegend erkunden. Ob man dann zur Christmesse in die elf Kilometer entfernte Kathedrale von Reims radelt oder zum Schäferstündchen in die Weinberge – in jedem Fall sollte man sich vom Hotel einen Picknickkorb füllen lassen, freilich mit einem Fläschchen Roger Coulon.

Adresse 25 Rue Saint-Vincent, 51390 Vrigny | **Anfahrt** von A 4 über D 26 | **Öffnungszeiten** 15. März – 15. Dez. | **Tipp** Zum Weingut Roger Coulon geht es über die Rue Saint-Vincent und die Rue des Clos in die Rue de la Vigne du Roy 12. In den Kellern aus weichem Kalkstein und Lehm werden die meisten Weine in Edelstahltanks ausgebaut, die Reserveweine in mindestens drei Jahre alten Barriques. Führungen können Gäste über das Hotel organisieren, ansonsten per Voranmeldung, Tel. +33/326036165.

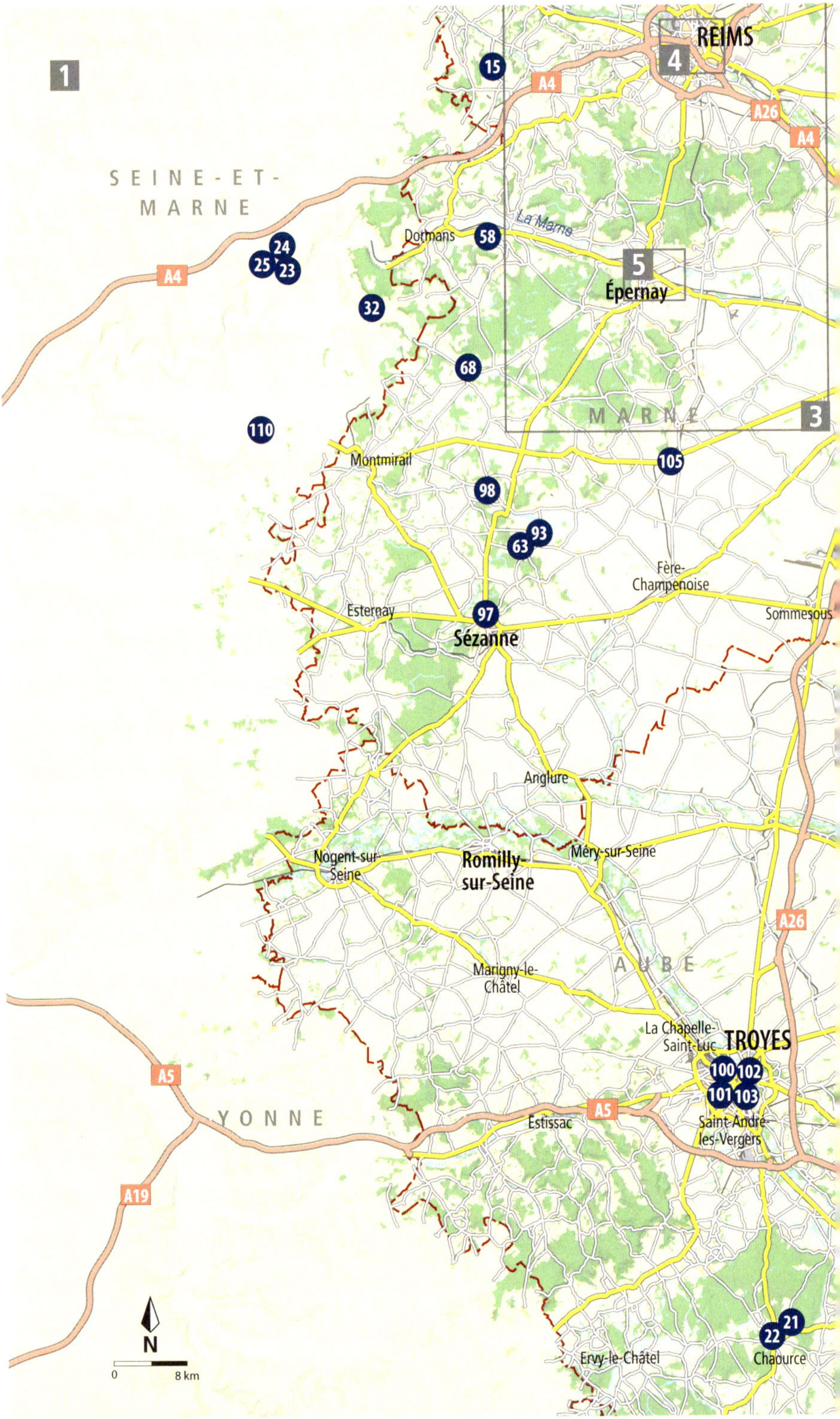

1
REIMS
4
A4
A26
A4
15
SEINE-ET-MARNE
La Marne
Dormans
58
24
25
23
A4
5
Épernay
32
68
MARNE
3
110
Montmirail
105
98
93
63
Fère-Champenoise
Esternay
97
Sézanne
Sommesous
Anglure
Nogent-sur-Seine
Romilly-sur-Seine
Méry-sur-Seine
A26
Marigny-le-Châtel
AUBE
La Chapelle-Saint-Luc
TROYES
100
102
101
103
A5
YONNE
A5
Estissac
Saint-André-les-Vergers
A19
N
0
8 km
21
22
Ervy-le-Châtel
Chaource

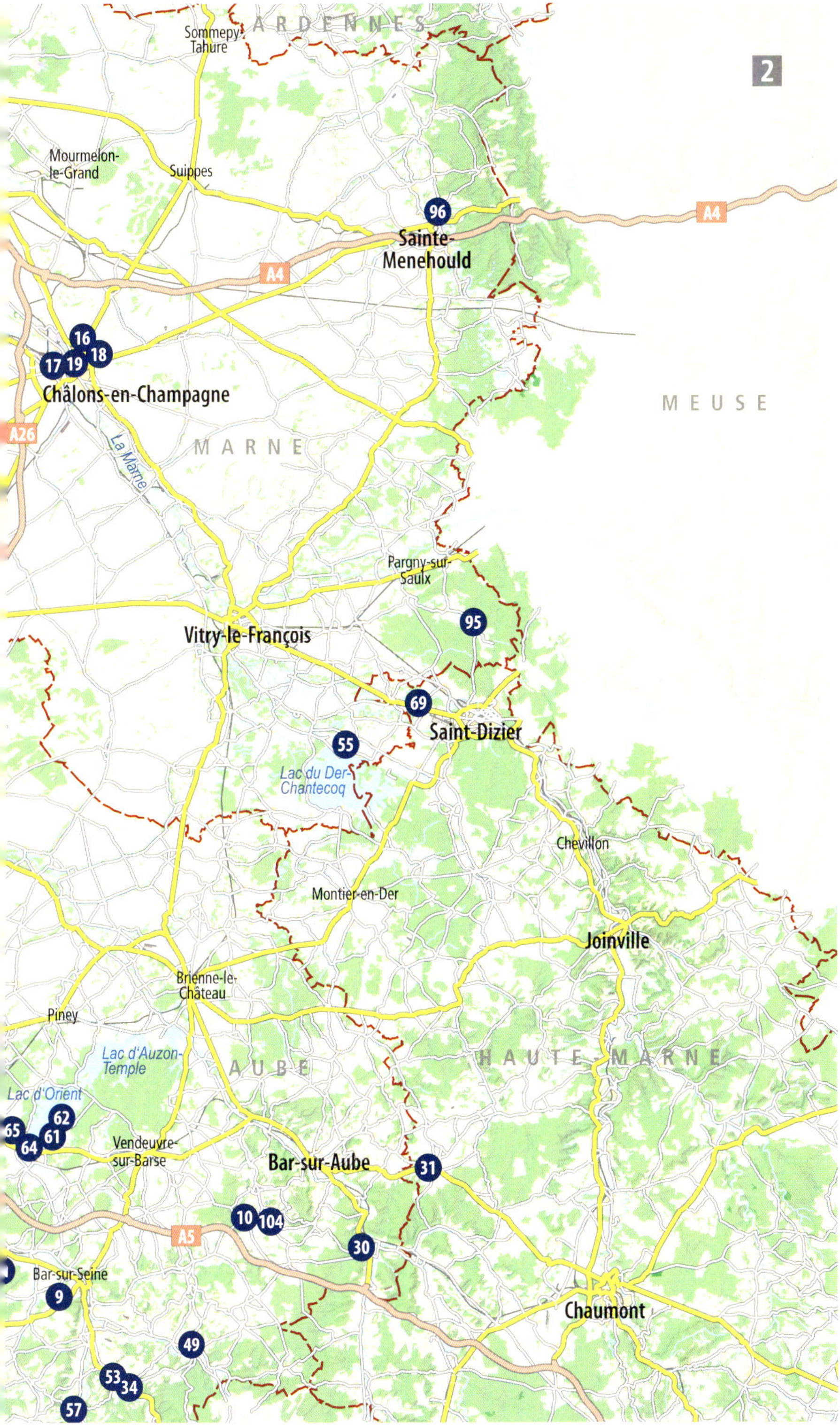

2
ARDENNES
Sommepy-Tahure
Mourmelon-le-Grand
Suippes
96
Sainte-Menehould
A4
A4
16
17
19
18
Châlons-en-Champagne
A26
La Marne
MARNE
MEUSE
Pargny-sur-Saulx
95
Vitry-le-François
69
Saint-Dizier
55
Lac du Der-Chantecoq
Chevillon
Montier-en-Der
Joinville
Brienne-le-Château
Piney
Lac d'Auzon-Temple
AUBE
HAUTE-MARNE
Lac d'Orient
62
65
61
64
Vendeuvre-sur-Barse
Bar-sur-Aube
31
10
104
A5
30
Bar-sur-Seine
9
Chaumont
49
53
34
57

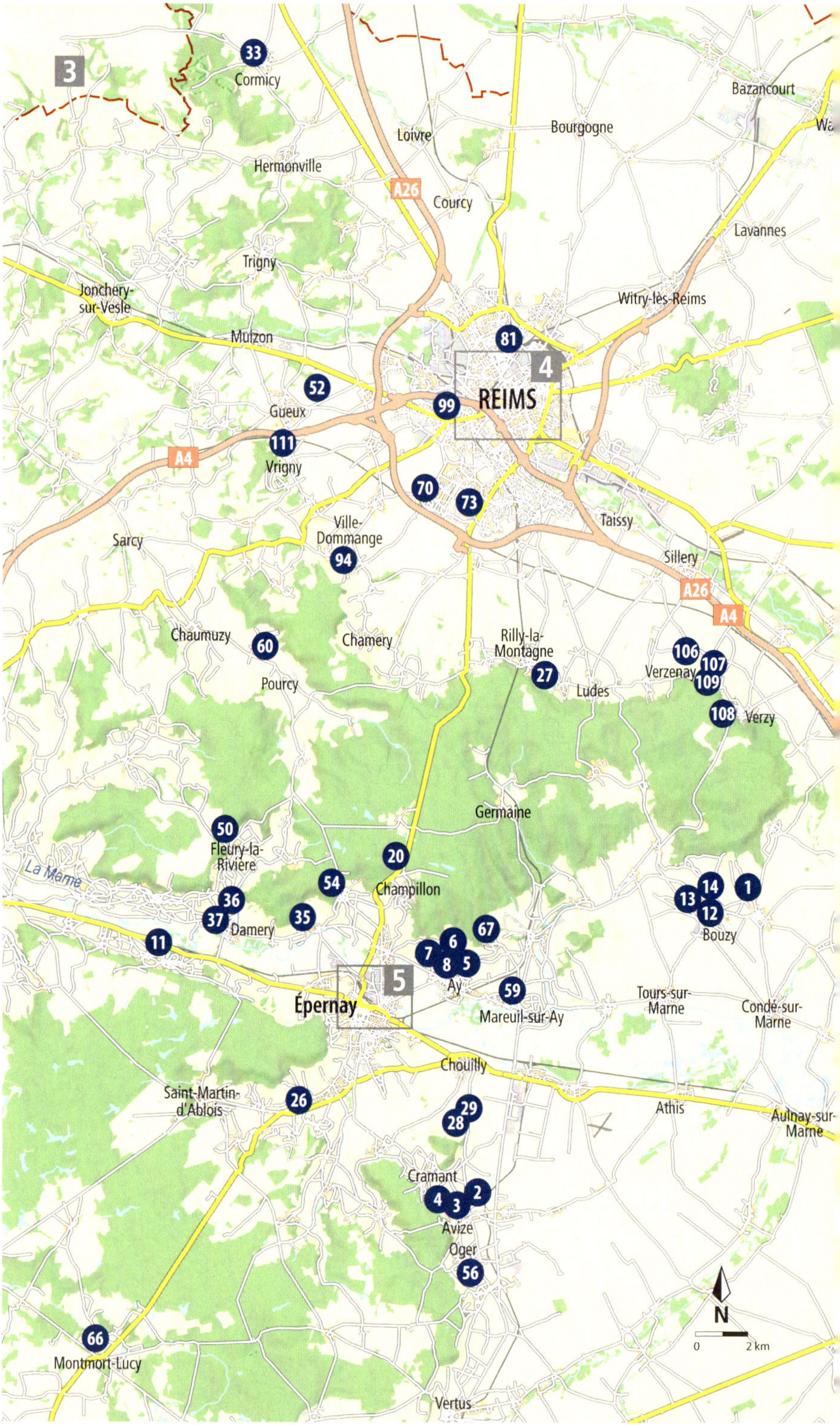

3
33
Cormicy
Loivre
Bourgogne
Bazancourt
Hermonville
A26
Courcy
Lavannes
Trigny
Jonchery-sur-Vesle
Witry-lès-Reims
Muizon
81
4
52
99
REIMS
Gueux
111
A4
Vrigny
70
73
Ville-Dommange
Taissy
Sarcy
94
Sillery
A26
A4
Chaumuzy
60
Chamery
Rilly-la-Montagne
106
107
Verzenay
109
27
Ludes
Pourcy
108
Verzy
Germaine
50
Fleury-la-Rivière
20
La Marne
54
Champillon
14
1
13
12
36
37
35
Damery
67
Bouzy
11
6
7
8
5
5
Ay
59
Épernay
Mareuil-sur-Ay
Tours-sur-Marne
Condé-sur-Marne
Chouilly
Saint-Martin-d'Ablois
26
29
28
Athis
Aulnay-sur-Marne
Cramant
2
4
3
Avize
Oger
56
N
0
2 km
66
Montmort-Lucy
Vertus

4 — REIMS

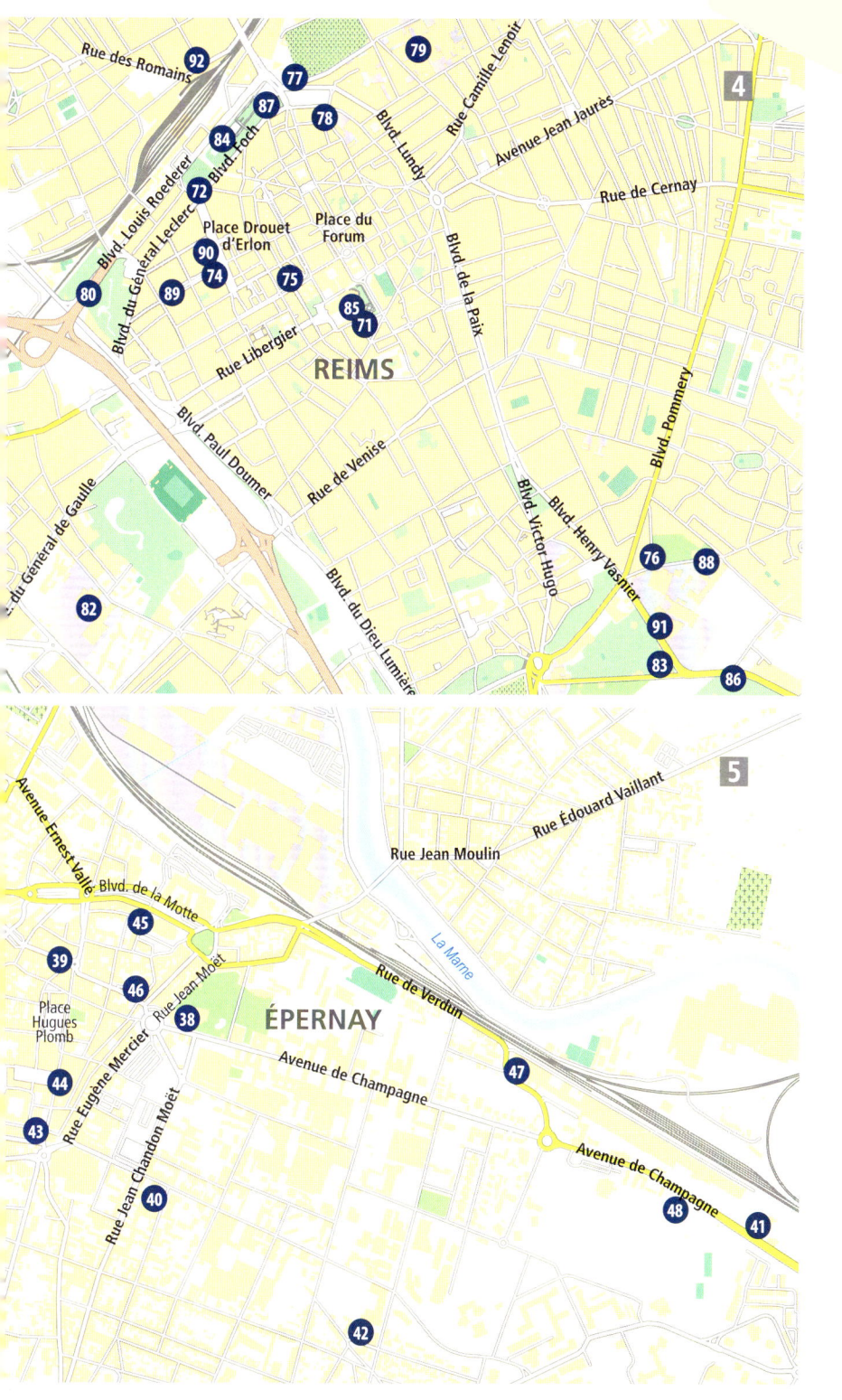

Rue des Romains · 92
77 · 79
87 · 78
84 · Blvd. Foch
Blvd. Louis Roederer
72 · Blvd. du Général Leclerc
Place Drouet d'Erlon
Place du Forum
Rue Camille Lenoir
Avenue Jean Jaurès
Rue de Cernay
Blvd. Lundy
90 · 74 · 75
80 · 89
85 · 71
Rue Libergier
REIMS
Blvd. de la Paix
Blvd. Paul Doumer
Rue de Venise
Blvd. du Général de Gaulle
Blvd. du Dieu Lumière
Blvd. Victor Hugo
Blvd. Henry Vasnier
Blvd. Pommery
82
76 · 88
91
83 · 86

5 — ÉPERNAY

Avenue Ernest Vallé
Blvd. de la Motte
Rue Édouard Vaillant
Rue Jean Moulin
La Marne
Rue de Verdun
45
39 · 46
Place Hugues Plomb
38
ÉPERNAY
Rue Jean Moët
44
Rue Eugène Mercier
43
Avenue de Champagne
47
Rue Jean Chandon Moët
40
48 · Avenue de Champagne · 41
42

Vier Rezepte von Jean-Claude Bourgueil

1. Chaource-Schmelz mit Blattsalaten und Kräutern
Für 2–4 Portionen

Zutaten:
200 g Chaource (ohne Rinde)
70 g lauwarme Hühnerbrühe
2 Blätter Gelatine
Pfeffer
40 g steif geschlagene Sahne
französisches Brot
Kräuter und Salat nach Belieben
Walnussöl zum Beträufeln

Zubereitung:
- Den Käse mit der lauwarmen Brühe fein mixen. Die eingeweichte und ausgedrückte Gelatine unterrühren. Mit Pfeffer würzen. Die Schlagsahne vorsichtig unterheben.
- Vier Stunden im Kühlschrank gelieren lassen.
- Das französische Brot in dünne Scheiben schneiden, knusprig rösten und dann abkühlen lassen.
- Die Käsemasse mit einem Spritzbeutel zwischen die Brotscheiben geben.
- Mit Kräutern und Salatblättern garnieren, einen Faden Walnussöl darübergießen und servieren.

2. Langres mit Lachs in Senfsauce

Für 2 Portionen

Zutaten:
100 g Graved Lachs
2 Scheiben Toast
1–2 TL Butter
150 g Langres
1 TL Senf
1 TL Zucker
1 TL Mayonnaise

Zubereitung:
- Den Graved Lachs fein schneiden und zu zwei Rosen formen.
- Die beiden Scheiben Toast in Butter knusprig braten.
- Den Langres 20 Minuten bei 50 °C im Ofen erwärmen.
- Senf, Zucker und Mayonnaise verrühren und mit einem Spritzer Wasser verdünnen.
- Die Toasts mit Lachsrose, Langres und Sauce anrichten und sofort servieren.

3. Gefüllte Maultaschen mit Trüffelschaum
Für 2–4 Portionen

Zutaten:
Für den Trüffelschaum:
250 ml Brühe
50 ml Trüffeljus
1–2 TL Trüffelöl
etwa 100 g kalte Butter
Salz

Für die Maultaschen:
1 weiße Zwiebel
5 große Champignons
1 TL Butter
1 Lorbeerblatt
Salz, Pfeffer
ca. 250 g Nudel- oder Maultaschenteig (Fertigprodukt)

Zubereitung:
- Für den Trüffelschaum die Brühe aufkochen und auf ein Drittel reduzieren. Von der Hitze nehmen und lauwarm abkühlen lassen.
- Trüffeljus, Trüffelöl und Butter zugeben und mit einem Stabmixer aufmontieren.
- Für die Maultaschen die Zwiebel und die Pilze putzen und fein hacken.
- Die Zwiebel in etwas Butter glasig anschwitzen, ohne dass sie Farbe annimmt. Die Champignons und das Lorbeerblatt dazugeben, mit Salz und Pfeffer abschmecken und alles anschwitzen, bis die Flüssigkeit verdampft ist. Das Lorbeerblatt entfernen.

- Den Nudelteig mit der Duxelles (Zwiebel- und Champignonmasse) zu Maultaschen verarbeiten und an den Rändern zusammendrücken. In Salzwasser 3 Minuten gar ziehen lassen, ein wenig abtropfen und auf die Servierteller legen.
- Die Maultaschen mit dem Trüffelschaum überziehen.
- Dazu passen Steinpilze, in Butter gebraten und mit Salz, Pfeffer und gehackter Petersilie abgeschmeckt.

4. Champagnersorbet
Für circa 10 Portionen

Zutaten:
1 kg Zucker
8 Blatt Gelatine
Zesten von 2 Bio-Orangen
Zesten von 2 Bio-Limetten
2 Zweige Minze
1 Liter Rosé-Champagner, zum Beispiel Perrier-Jouët (Foto)

Zubereitung:
- 1 Liter Wasser und Zucker zusammen aufkochen, dann auf kleine Flamme stellen. Die Orangen- und Limettenzesten mit der Minze etwa 20 Minuten wie einen Tee darin ziehen lassen.
- Die eingeweichte Gelatine zugeben, alles durchsieben und abkühlen lassen.
- Den Rosé-Champagner vorsichtig unterrühren. Die Masse in die Eismaschine geben und zu Champagnersorbet verarbeiten.

Martin Roos (Jahrgang 1967) ist Autor, Journalist und Chevalier im Ordre des Coteaux de Champagne.

Jean-Claude Bourgueil (Jahrgang 1947) ist ein vom Michelin 9-fach ausgezeichneter Sternekoch. Seit 1977 betreibt der Franzose in Düsseldorf das Restaurant »Im Schiffchen«.

Tom Jasny (Jahrgang 1971) hat sich 1999 mit einem eigenen Studio für internationale Hotel- und Reisefotografie selbstständig gemacht.